오늘부터 말하는 방법을
조금 **바꾸기**로 했습니다

KB158143

오늘부터 **말하는 방법**을
조금 **바꾸기**로 했습니다

초판 1쇄 찍음 2019년 4월 1일
초판 1쇄 펴냄 2019년 4월 8일

지은이 김규비
펴낸이 안동권

책임편집 김선영
디자인 Design Hada
펴낸곳 책으로여는세상

출판등록 제2012-000002호
주소 (우)12572 경기도 양평군 강상면 강상로 476-45
전화 070-4222-9917, 031-772-2125 | **팩스** 0505-917-9917 | **E-mail** dkahn21@daum.net

ISBN 978-89-93834-50-5(03320)

책으로여는세상
좋·은·책·이·좋·은·세·상·을·열·어·갑·니·다

*잘못된 책은 사신 곳에서 바꿀 수 있습니다.
*이 책에 실린 모든 내용은 〈책으로여는세상〉의 서면 동의 없이는 사용할 수 없습니다.

이 도서의 국립중앙도서관 출판예정도서목록(CIP)은 서지정보유통지원시스템 홈페이지(http://seoji.nl.go.kr)와
국가자료종합목록시스템(http://www.nl.go.kr/kolisnet)에서 이용하실 수 있습니다.(CIP제어번호 : CIP2019010355)

| 중요한 것은 '내용'이 아니라 '말하는 방법'과 '태도'였다 |

오늘부터
말하는 방법을
조금 바꾸기로
했습니다

김규비 지음

책으로여는세상

늦었다고 생각했을 때가
사실은 가장 빠른 때였다

나는 모두가 반대하는 길을 선택했다. 늘 믿고 지지해주던 부모님도
반대했고, 친구나 주변인들도 모두 걱정 어린 시선으로 바라보았다.
서른 살이 될 때까지 단 한 번의 일탈 없이, 그야말로 모범생으로 자라
온 큰딸이 갑자기 힘든 선택을 하겠다고 하니 부모님이 얼마나 걱정이
되었을까? 대학원을 졸업하고 전공을 살려 직장에 들어가면 안정적인
생활을 할 수 있는데 갑자기 꿈이 생겼다니?

고분자공학은 현재나 미래 산업 분야에서 꽤나 전망이 밝다. 공학
석사 학위까지 받으며 공부에 매진했기에 나도 내 꿈에 대해 묻고 또
물을 수밖에 없었다. 하지만 수없이 고민하며 많은 시간을 보냈지만

결론은 늘 같았다. 물론 내가 아나운서가 될 수 있을까에 대한 확신은 없었다. 다만 아나운서가 되고 싶었고, 그 꿈을 이루고 싶다는 목표가 확실히 생긴 것뿐이었다.

사실 나 자신도 많이 놀랐다. 꿈이라는 것을 생각해본 적이 없던 내가 서른이 다 된 나이에 아나운서가 되겠다고? 22살이나 23살, 빠르면 초등학교 때부터 꿈이 아나운서인 사람들이 대부분인데 29살에?

단 한 번도 아나운서에 대해 생각해본 적이 없던 내가 그렇게 늦은 나이에 도전하겠다고 하니 누가 들어도 글쎄, 라는 대답이 나오는 것이 당연했다.

아나운서 아카데미에 상담을 받으러 갔을 때 그곳에서조차 "시작이 조금 늦네요."라며 말리는 곳이 있었으니 오죽했을까. 처음에는 '그래 이제 와서 무슨 꿈이야' 라며 접으려고도 했다. 그런데 연구실에서 실험을 하면 할수록 아나운서라는 꿈에 대한 열망이 점점 더 뜨거워짐을 느꼈다. 그렇게 나는 내 꿈에 불을 지피기 시작했다.

대학원을 졸업하고 본격적으로 아나운서를 준비했다. 그야말로 백수 생활의 시작이었다. 미래에 대한 보장은커녕 캄캄한 길을 오직 나 자신만을 믿으며 걸어가야 했다. 그렇게 긴 어둠의 터널 속에서 스스로와의 싸움 끝에 아나운서 타이틀을 얻게 되었다. 아나운서를 준비한 지 1년이 조금 넘어갈 때쯤이니 내 나이 서른 살 때다.

꿈을 꾸기 시작한 때로부터 10년 만에 원하던 방송국에 들어감으로써 나는 내 꿈을 이루었다. 모든 아나운서들이 꿈꾸는 방송국, 지상파 아나운서, MBC에서 뉴스 앵커로 활동하게 된 것이다.

뉴스를 하는 것이 즐겁냐고 묻는 사람들이 있다. 뉴스는 내게 그 이상의 행복을 준다. 어려운 미적분을 풀어냈을 때의 뿌듯함? 그런 것과는 비교가 안 될 정도로 뉴스는 내게 희열을 느끼게 해준다.

즐겁고 행복한 일을 하게 되었지만 시작부터 참 쉽지 않았다. 안정적으로 월급을 받고 주어진 방송을 해내면 되는 정규직 아나운서가 아니라 불규칙적이고 불안정한 비정규직 프리랜서로 사회생활을 시작했기 때문이다. 그리고 지금까지 프리랜서로 활동하고 있다.

올해로 아나운서 10년 차. 프리랜서 생활은 앉아 있어도 서 있는 것 같은 불안함이 늘 함께한다. 그래서 현실에 안주하면 안 된다는 생각으로 앞을 향해 나아가려고 더욱 노력한다. 프리랜서라고 하면 무척이나 자유로운 생활을 할 것 같다며 부러워하는 사람들이 많지만 그 자유 시간이 하루 이틀이 아니기에 어찌 보면 구속보다 더 강압적인 시간처럼 느껴지기도 한다.

물론 어딘가에 소속되어 주어진 시간에 묶여 있어야 하는 사람들과 비교하면 자유로운 것이 사실이다. 하지만 그 시간을 마냥 휴식과 유희로 보낼 수 있을까? 이루고 싶은 목표가 있고, 그곳을 향해 가야 했기에 나는 전혀 그럴 수 없었다.

방송인이라는 직업, 특히 프리랜서 아나운서는 아무리 초보여도 프로페셔널함을 요구받는다. 더욱이 어느 정도 경력이 쌓이면 뭐든 척척 잘해낼 것이라 생각하는지 능력 이상의 것을 요구받기도 한다. 그런데도 내게 들어온 일이라면 못하는 것이라도 잘해내야만 직성이 풀리는 성격이라 능력을 끌어올리기 위해 더 애를 썼던 것 같다.

프리랜서 아나운서로 방송 생활을 하다가 우연히 보이스 트레이닝 강의를 할 수 있는 기회가 생겼다. 그동안 직접 몸으로 익히고 방송에서 활용했던 방법들을 목소리 때문에 고민하는 사람들에게 알려줄 수 있게 된 것이다.

보이스 트레이닝 강의를 시작으로 스피치, 이미지 메이킹까지, 커뮤니케이션 강사로 8년이라는 시간을 지내왔다. 그래서 언젠가는 방송을 위해 몸으로 습득하고 직접 활용한 내용들과 강의를 하면서 연구하고 공부한 내용들을 책으로 정리해 많은 사람들과 나누고 싶었다.

이 책은 그동안 정글과 같은 사회에서 프리랜서로 성장하고 꿈을 이룰 수 있었던 커뮤니케이션의 효과적인 방법들을 스피치, 보이스, 이미지 분야로 정리해 놓은 것이다. 처음부터 좋은 환경에서 원하는 일을 할 수 있었다면 이렇게 책을 쓸 수도 없었을 것이다.

취업을 하는 것도, 직장 생활을 유지해 나가는 것도 힘든 시대다. 이 책을 통해 내가 겪었던 시행착오들을 겪지 않고, 더 나은 방향으로 자신을 이끌어 꿈을 이루기를 희망하는 사람들과 함께하고 싶다. 또한 힘든 이 시대를 헤쳐 나가는 이들에게 조금이나마 위로와 희망을 주고 싶은 마음도 크다.

2019년 3월 김규비

contents

Part 1
정작 중요한 것은 '무엇을 말할까' 보다 '어떻게 말할까' 였다

Part 2

내용보다 더 오래 기억되는 것은 목소리다

Part 3

좋은 이미지는 말과 목소리에 날개를 달아준다

| 에필로그 | 나는 내 인생의 주인공

Part 1

정작 중요한 것은
'무엇을 말할까'보다 '어떻게 말할까'였다

내 인생의 터닝 포인트
목소리 훈련

내 인생을 바꿔준 터닝 포인트는 목소리 훈련이었다. 평범한 여학생이었던 내가 새 소식을 전하는 아나운서라는 꿈을 갖게 되고, 그 꿈을 실현해 이제는 꿈을 꾸는 사람들을 돕는 사람이 되었다. 그 출발점이 목소리 훈련이었다.

부끄러움도 많고 내성적이었던 나는, 남들 앞에서 이야기하는 것이 늘 두려웠다. 학교에서 과제라도 발표하는 날이면 어찌나 떨리고 얼굴이 빨개지던지 늘 자신감이 없었다.

아나운서가 되기 위해 학원을 다니면서 목소리 훈련을 처음 받았다. 그때가 내 인생이 바뀌게 될 순간이라고 상상이나 했을까? 평소 목소리가 작고 힘이 없어 고민이었지만 바꿀 수 있다는 생각은 전혀 못했다. 그런데 목소리 훈련을 받고 반복해서 연습하자 목소리에 변화가 느껴졌다. 연습을 하면 할수록 목소리에 힘이 생기고 발음도 또렷해졌다. 목소리 톤이 조금씩 안정되자 나의 롤 모델이었던 선생님의 목소리와 어느덧 비슷해졌다. 변화된 목소리로 뉴스를 읽거나 말을 하는 것이 즐거웠다. 알 수 없는 자신감이 내 몸을 채우는 느낌이었다. 지금 생각해보면 안정감 있으면서 힘 있는 목소리 덕분에 삶 전반에 자신감이 채워졌던 것 같다.

목소리 훈련을 하고 실전 무대에서 처음 활용하던 날을 잊을 수 없다. 대학원 논문 심사 때였다. 목소리 훈련을 하면서 아나운서 시험 준비를 하던 그때, 나는 대학원생이었다. 아직 완벽하게 마음에 들 정도로 목소리가 변한 것은 아니었지만 논문 심사는 안정된 호흡과 톤 그리고 또렷한 발음을 시험해볼 수 있는 좋은 기회였다.

연단에 서자 긴장감이 몰려왔다. 하지만 숨을 가다듬고 중저음의 목소리를 내는 순간, 강의실을 메우고 있던 교수와 선후배, 동기들이 내 목소리에 귀를 기울이는 것이 단번에 느껴졌다. 묘한 기분이 들면서 참으로 짜릿했다. 사람들이 내 이야기에 집중하고 있다는 것을 느낄 수 있었고, 그럴수록 더 자신감 있게 발표할 수 있었다. 결국 논문 발표를 무사히 마쳤고, 논문 심사도 성공적으로 통과할 수 있었다.

목소리 훈련은 신뢰감 있는 뉴스를 전하기 위한 아나운서로서의 출발점이기도 했지만 내 인생을 새로 시작하게 해준 자신감의 원천이기도 했다. 꾸준한 연습을 통해 만들어진 나의 중저음 목소리는 이제 어딜 가나 주목받고 사람들의 시선을 끈다. 달라진 목소리는 어딘지 모르게 상대방으로부터 대우받는다는 느낌이 들게 하고, 비슷한 나이의 다른 사람들보다 더 깊은 카리스마를 갖게 해주었다. 목소리가 달라지자 세상을 보는 내 시선도 달라지고, 세상을 바라보는 마음도 바뀌었다.

달라진 목소리로 그토록 원하던 MBC 뉴스 앵커도 되었다. 그리고 목소리와 스피치, 이미지 트레이닝을 통해 성장하고 변화하고자 하는 사람들에게 도움을 주는 컨설턴트가 되었다. 내가 그랬듯이 여러분도 목소리 훈련과 말하기 훈련으로 인생의 긍정적인 변화를 경험하기를 바란다.

이 책에는 그동안 쌓아 온 나의 목소리 훈련과 말하기 훈련 노하우가 담겨 있다. 지금 이 순간, 이 책을 읽으며 변화하고자 마음먹은 당신은 이미 반은 성공한 것이다. 지금부터 당신의 그 변화에 내가 함께할 것이다. 두려워하지 말고 천천히 나가보자. 당신의 미래는 이미 멋지게 변하고 있다.

사람들은 내용보다
말하는 방법과 태도에 마음을 연다

인터넷이 일상화되면서 직접적인 만남보다 사이버 상의 소통이 활발해지고 있다. 그래서일까? 만남의 횟수가 줄어들다 보니 상대적으로 짧은 만남을 통해 나누는 소통의 시간이 더욱 중요해지고 있다.

중요한 비즈니스 미팅이라면 그 만남의 가치는 더 높아진다. 짧은 시간 동안 상대방과 교감하면서 정확하고 설득력 있게 자신의 의사를 전달해야 하기 때문이다. 세계적인 미래학자 피터 드러커는 "인간에게 가장 중요한 능력은 자기 표현력이며, 현대의 경영이나 관리는 스피치에 의해 좌우된다."고 했다.

스피치는 특별한 상황에서만 이루어지는 것이 아니다. 이미 일상생활 깊숙이 들어와 있다. 더 이상 리더나 정치인, 관리자들에게 만 요구되는 능력이 아니다. 현대인이라면 누구나 갖추어야 할 중 요한 핵심 역량이다.

학교에서는 발표할 기회가 점차 많아지고 있고, 기업이나 관공 서의 채용 과정에서도 면접 비중이 늘고 있다. 면접장에서는 주어 진 시간 안에 자신이 준비된 인재임을 호소력 있게 전달해야 한다. 이때 마음만으로는 가능하지 않다. 자신이 어떤 사람인지 잘 표현 하고, 알고 있는 지식을 쉽고 분명하게 전달해야 한다.

요즘은 회사에서도 서류 보고만큼 말을 통한 성과 보고나 프레 젠테이션을 통한 보고가 늘어나는 추세다. 특히 수주 프레젠테이 션 같은 경우, 회사의 사활이 달려 있을 때가 많기 때문에 심사위원 들의 마음을 확실하게 사로잡을 수 있는 프리젠터의 탁월한 능력이 요구되기도 한다.

이런 까닭에 프레젠테이션이 일상화된 커뮤니케이션 방식으로 자리 잡아가면서 스피치 능력은 미래의 인재들이 갖춰야 할 중요한 요소가 되었다. 그 요소는 말하는 방법과 태도다.

평소에는 말을 잘하는데 많은 사람들 앞에만 서면 심장이 두근 거리고 머리가 하얘지면서 아무것도 생각나지 않는다는 사람들이 많다. 지식 강연 컨퍼런스를 주관하는 미국의 비영리 단체 TED의 대표 크리스 앤더슨에 따르면, 일반적인 사람들이 많이 느끼는 공포가 고소공포증인데 그보다 더 많은 공포를 유발하는 것이 대중 스피치라고 하니 누구나 사람들 앞에 서면 떨리고 긴장하는 것은 자연스러운 현상이다. 그러므로 이 떨림을 잘 컨트롤할 수 있다면 스피치 무대는 내 것이 되고, 상대방의 마음까지 사로잡을 수 있게 된다.

가장 중요한 것은 진심어린 태도

일반적으로 스피치는 발표나 강의, 면접, 프레젠테이션, 연설이나 토론 같은 것을 들 수 있는데, 하나의 주제를 통해 논리적이고 체계적인 구성으로 듣는 사람을 설득하거나 감동을 주어야 하는 목적을 지니고 있다. 그래서 스피치를 대중 연설, 일명 퍼블릭 스피치라 부른다.

대중 연설이라고 하면 손사래부터 치면서 미리 겁먹는 사람들이 많지만 전혀 두려워할 필요가 없다. 스피치는 효과적인 방법을 익혀 일정 기간 충분히 연습하면 누구나 잘할 수 있기 때문이다.

말을 잘하기 위해서는 먼저 이야기의 소재, 곧 이야기 재료를 풍부하게 갖고 있어야 한다. 물론 말을 많이 한다고 해서 말을 잘한다고 인정받는 것은 아니다. 또한 무작정 대본을 외우고 연습만 한다고 해서 잘 되는 것도 아니다. 이야기는 논리적인 구조에 풍부한 살을 붙이되, 설득력과 감동을 줄 수 있는 스토리를 전달해야 한다. 곧 논리와 설득, 감동의 콘텐츠 기법을 활용해 자연스럽게 표현해 낼 때 이야기는 빛을 발한다.

하지만 무엇보다 스피치에서 가장 중요하는 것은 요령이나 기술이 아니라 말하는 사람의 진정성과 진심 어린 태도다. 표현력이 조금 서툴더라도 진심은 통하기 마련이다. 진정성은 화려한 기술마저 뛰어넘는다. 이러한 진정성이 바탕이 되고, 그 위에 스피치 기법들이 더해졌을 때 비로소 이야기는 완성된다.

그렇다면 앞으로 스피치를 잘할 수 있는 핵심 기법들을 하나씩 익혀 보자. 탄탄한 이론과 효과적인 방법들을 잘 익혀 훈련한다면 재미있고, 논리적이며, 자신감 있게 말하는 사람으로 거듭날 것이다.

단순하게
말하기로 했다

명연설들의 특징은 이해하기 쉽고 간결하다는 것이다. 이것은 말을 하는 사람과 듣는 사람 사이에 소통이 잘 이루어진다는 뜻이기도 하다. 반대로 어려운 단어나 전문용어를 많이 사용하게 되면 그 순간 사람들의 집중도는 눈에 띄게 떨어진다. 심지어 나와 상관없는 이야기라고 생각해 흥미를 잃어버리기도 한다.

학창 시절 열역학이라는 전공 필수 과목은 제목만으로도 머리가 지끈거리는 수업이었다. 어려운 공학 용어들과 공식들이 많아 수업 내내 졸음을 쫓으려고 무척이나 고생했던 과목이다. 아니나 다를까 학점이 잘 나오지 않아 재수강을 했다. 그런데 재수강 때는 당시 굉장히 인기 있던 다른 교수의 수업을 듣게 되었다. 같은 내용인데도 참 재미있고 쉽게 설명해주어 귀에 쏙쏙 들어왔고, 3시간이 금방 지나갔다. 그때서야 왜 수강 신청 기간에 동기들이 그 교수의 강의를 듣기 위해 새벽잠을 설쳤는지 알게 되었다.

어려운 것을 어렵게 말하는 것은 쉽다. 하지만 어려운 것을 쉽게 말할 수 있는 사람이야말로 진정 말을 잘하는 사람이다. 아인슈타인은 '간단하게 설명하지 못한다는 것은 완벽하게 장악하지 못했다는 뜻이다' 라고 했다.

지루하게 말하는 사람일수록 문장의 길이가 무척 길다. 말하는 사람에게도 듣는 사람에게도 결코 좋은 상황이 아니다. 많은 내용을 한 문장에 담다 보면 말하는 사람도 흐름을 잃기 쉽고, 듣는 사람도 집중력이 떨어져 중요한 내용을 놓치고 만다.

한 문장에는 하나의 내용만 담고, 여러 개의 짧은 문장으로 나누어서 이야기해보자. 문장 사이사이에는 적절한 연결 어구를 넣어 매끈하게 이어주자. 말하는 사람과 듣는 사람 모두에게 명쾌한 이야기가 될 것이다.

다음 예문을 짧은 문장으로 나누고, 적절한 연결 어구를 사용해주면 내용이 자연스럽게 강조되면서 간결해짐을 알 수 있을 것이다.

Before

감추려고 해도 드러나는 몸의 신호들이 있는데, 진짜 미소는 눈이 반짝이며 빛나고 빰과 양쪽 입꼬리가 함께 올라가 얼굴 전체에 변화가 생기며, 사라지는 데 몇 초가 걸리는 반면, 가짜 미소는 한순간에 나타나고 순식간에 사라집니다.

After

감추려고 해도 드러나는 몸의 신호들이 있습니다. **(예를 들어)** 진짜 미소는 눈이 반짝이며 빛나고 빰과 양쪽 입꼬리가 함께 올라가 얼굴 전체에 변화가 생깁니다. **(이러한)** 진짜 미소는 사라지는 데 몇 초가 걸립니다. **(반면)** 가짜 미소는 한순간에 나타나고 순식간에 사라집니다.

어떤가? 단문으로 말하면 문장이 훨씬 간결해지면서 듣는 사람들도 정확하게 그 내용을 알아들을 수 있게 된다.

271개 단어로 이루어진 링컨의 게티즈버그 연설

전문성을 인정받고자 한자나 영어로 된 어려운 용어를 남발하는 사람들이 있다. 그러나 어렵고 모호한 말을 하면 듣는 사람들의 이해도를 떨어뜨릴 뿐 아니라 잘난 척하는 것으로 여겨져 외면받기 쉽다. 사람들과의 거리감을 줄이고 원활하게 소통하기 위해서는 쉽고 익숙한 단어로 설명하고 말해야 한다.

명연설로 꼽히는 링컨의 게티즈버그 연설문은 약 2분의 짧은 연설로, 271개의 단어로 이루어져 있다. 그 가운데 251개가 짧은 음절의 쉬운 단어들이다. 이처럼 사람들이 친근감을 느낄 수 있도록 하기 위해서는 일반적으로 많이 쓰는 단어로 말하는 것이 중요하다.

오바마를 대통령으로 이끌어준 구호 'Yes, we can!'처럼 쉽고 간결한 단어를 사용하는 것이 사람들에게 강렬한 임팩트를 주는 효과적인 방법임을 꼭 기억하자.

짧게 말하는 것이
진짜 기술이다

길고 지루한 주례사를 들어본 적 있을 것이다. 생각만 해도 하품
이 나온다. 사람들의 이런 생각을 잘 알기라도 하듯 요즘은 주례사
가 점점 짧아지고 있으며, 아예 주례사 없는 결혼식이 각광받고 있
다. 사람들은 길고 지루한 이야기를 듣는 것을 힘들어한다.

마크 트웨인은 미국에서 가장 많은 작품을 펴낸 작가다. 아마존
에는 그가 직접 쓴 책과 그를 주제로 한 책이 1만 2천 권 이상 등록
되어 있다. 일부는 사실이고, 일부는 출처가 불분명하지만 그에 대
한 일화는 책보다 오히려 인터넷 상에 더 많이 존재한다. 그 가운데
가장 유명한 일화는 출판업자와 주고받은 전보 내용이다. 어느날
한 출판업자가 마크 트웨인에게 다음과 같은 전보를 보냈다.

"2일 내로 2페이지 분량의 짧은 이야기가 필요함."

마크 트웨인은 다음과 같은 내용으로 회신했다.

"2일 안에 2페이지는 불가능, 30페이지는 가능. 2페이지로 만들려면 30일 필요함."

이야기도 글과 같다. 길게 말하는 것은 어렵지 않다. 핵심을 담아 간결하게 전달하는 것이 어렵다. 나는 시간이 날 때마다 TED Technology, Entertainment, Design 미국비영리 재단에서 운영하는 강연회. 기술, 오락, 디자인과 관련된 강연회를 개최한다. 최근에는 과학에서 국제 이슈까지 다양한 분야와 관련된 강연회를 개최한다. 강연은 18분 이내에 이루어진다 강연을 즐겨본다. 전 세계 전문가들과 각계각층의 유명 인사들의 의미 있는 강연을 들을 수 있는데 주제가 다양해 유익한 정보를 얻을 때가 많다.

많은 사람들이 나와 같은 이유로 TED에 환호하는데, 인기가 많은 또 다른 이유는 강연 시간이 길지 않다는 것이다. TED 강연은 18분 이내로 이루어진다. 18분이 아니라 더 긴 강연으로 구성되어 있다면 지금처럼 세계적인 인기를 누리기 힘들었을 것이다.

짧은 시간 안에 주제를 정확하게 전달하기 위해 강연자들은 퇴고에 퇴고를 거쳐 많은 준비를 한다. 마크 트웨인의 말처럼 길게 말하는 것은 쉽지만 짧게 말하는 것은 훨씬 어렵기 때문이다.

퇴임 후에도 연설을 통해 해마다 천만 달러 이상의 수입을 올리는 빌 클린턴도 처음부터 스피치의 달인은 아니었다. 1988년 아칸소 주지사였던 그는 민주당 전당대회 후보자 지명 연설에서 15분이 주어졌는데 30분 이상 마이크를 잡고 있다가 청중들에게 호된 아우성을 들어야 했다. 이후 간결한 스피치의 중요성을 깨달은 그는 짧고 임팩트 있는 연설을 통해 청중의 마음을 끌어당기는 대통령이 되었다. 존 F. 케네디의 유명한 취임식 연설은 13분이었고, 버락 오바마를 대통령으로 이끌어준 2004년 민주당 전당대회 연설도 16분이었다.

사람들은 생각보다 인내심이 없다. 디자인 분야에 'Simple is the best'라는 유명한 말이 있듯 스피치에서도 간결함은 강력한 힘을 발휘한다. 중요한 이야기일수록 간결하고 심플하게 말해야 한다.

구어체로 말하라

겨우 몇 분밖에 안 되는 짧은 이야기인데도 무척 지루하게 느껴질 때가 있다. 군대에서 상관에게 브리핑하듯 딱딱한 말투로 말하거나 문어체 표현을 많이 사용할 때가 그렇다. 글에서 쓰이는 문어체 표현을 많이 사용하면 말의 톤 변화도 없는데다 원고를 외워 말하는 느낌을 주기 때문에 사람들의 귀를 사로잡기 힘들다.

발표나 프레젠테이션, 중요한 연설 같은 퍼블릭 스피치를 할 때는 구어체로 말해야 한다. 구어체란 사람들이 일상생활에서 쓰는 어투를 말한다. 듣는 사람들의 규모와 대상에 상관없이 어떤 상황에서든 한 사람 한 사람에게 말을 건네듯 자연스럽고 부드러운 구어체로 말하면 사람들은 자연스러움과 활력을 느끼게 된다.

방송 원고는 청취자나 시청자들이 쉽게 이해할 수 있도록 구어체로 이루어져 있다. 만약 방송 사회자가 군대식 말투인 문어체로 진행을 한다면 불편함이 느껴져 시청자들은 편안하게 방송을 듣거나 볼 수 없을 것이다.

구어체로 말하면 듣는 사람과의 거리가 좁아져 교감을 나눈다는 인상을 줄 수 있다. 예를 들어 "여러분 안녕하세요, 김규비입니다."는 "여러분 안녕하세요, 김규빕니다."로 축약해서 말하면 더 자연스럽다. 또한 '~되어'는 '~돼서', '~위해'는 '~위해서', '~하였습니다'는 '~했습니다', '되었습니다'는 '됐습니다'와 같이 문어체 표현을 구어체 표현으로 바꿔 말하는 것이 좋다.

구어체 표현이 어색하다면 자연스럽게 구사할 수 있을 때까지 되풀이해서 연습해보자. 연습을 통해 몸에 완전히 익혀 내 것으로 만들어야 긴장된 상황에서도 자연스럽게 구어체 표현이 나온다.

진정성이야말로
진정 세다

       화려한 미사여구와 수려한 말솜씨로 '말을 잘한다' 는 평가를 받기보다 진정성이 담긴 말로 듣는 사람들에게 감동을 줄 때 그 이야기는 더욱 빛을 발한다.

    각종 매체의 리얼리티 프로그램이 인기 있는 이유도 출연자들의 꾸미지 않은 자연스러운 모습에서 시청자들이 진정성을 느끼기 때문이다. 부끄러워 얼굴이 빨개지고 떨려서 말을 더듬더라도 마음속에서 우러나는 진정한 이야기는 듣는 사람과 말하는 사람을 서로 교감하게 만든다.

    영화 「히든 피겨스」는 인종차별과 남녀차별이 심한 1960년대 미국을 바탕으로 그려졌다. 당시 미국에서 흑인 여성이 화이트 컬러에 속하는 직업을 갖는다는 것은 상상하기 힘들었다. 인종과 여성이라는 차별에 맞서 자신들의 능력을 발휘하는 세 명의 여성 흑인 과학자 이야기를 다룬 이 영화가 놀라운 것은 실화를 바탕으로 만들어졌다는 것이다.

세 명의 여성 과학자 중 최초의 흑인 여성 엔지니어를 꿈꾸던 메리 잭슨이 백인 학교에서 수업을 듣기 위해 판사를 설득하는 장면은 너무나 인상적이다.

메리 : 안녕하십니까, 판사님.

판사 : (가당치도 않다는 표정으로)햄프턴 고교는 백인 학교입니다.

메리 : 네, 알고 있습니다.

판사 : 버지니아는 아직 분리 정책을 따릅니다. 연방정부가 뭐라건, 대법원이 뭐라건, 우리의 법이 법이죠.

메리 : 존경하는 판사님, 제가 한 말씀 드려도 될까요? 고려하실 특수한 상황들이 있습니다.

판사 : 흑인 여성이 백인 학교에는 왜 가려는 겁니까?

메리 : 제가 가까이 가서 말씀드려도 되겠습니까?(당당히 판사 앞에 다가간 그녀) 존경하는 판사님, 판사님은 누구보다 최초의 중요성을 잘 아시리라 믿습니다.

판사 : 무슨 뜻이죠?

메리 : 판사님은 가문 최초로 군에서 복무하셨습니다. 바로 해군에서죠. 그리고 대학도 최초로 들어가셨습니다. 조지 메이슨대학이죠. 그리고 주지사 3명이 연속 재임명한 최초의 주 판사이십니다.

판사 : 흠, 당신 나에 대해 조사 좀 했군요.

메리 : 네, 그렇습니다.

판사 : 그래서 당신이 말하고 싶은 요점이 무엇입니까?

메리 : 요점은 버지니아 주 흑인 여성 중에서 백인 학교에 입학했던 사람이 지금까지 단 한 명도 없었다는 것입니다.

판사 : 맞소, 전례가 없소.

메리 : 앨런 셰퍼트가 로켓에 타기 전에는 우주로 나갔던 미국인은 없었습니다. 하지만 이제 그 이름은 최초로 우주에 나간 해군 파일럿으로 영원히 기억될 것입니다. 판사님, 그리고 저는 나사의 엔지니어가 될 계획입니다. 하지만 백인 학교의 수업을 듣지 않으면 불가능합니다. 그렇다고 제 피부색을 바꿀 수도 없죠. 그래서 어쩔 수 없이 최초가 되어야 하지만 판사님 없이는 불가능합니다. 판사님, 오늘 벌어지는 수많은 재판 중에 100년 뒤 기억될 재판은 무엇일까요? 어떤 판결이 판사님을 최초로 만들겠습니까?

판사 : (잠시 생각에 잠겼다가 인상 깊은 표정을 지으며) 메리 잭슨 씨, 야간 수업만 허락합니다(탕탕탕).

진정성이 담긴 메리의 간절한 이야기는 판사를 설득시켰을 뿐 아니라 세상의 흐름까지 바꾸었다.

여러분은 어떤 스피치를 하고 싶은가? 스피치를 잘하는 기술이 빛나려면 여러분의 이야기에는 진정성이 우선되어야 한다. 이야기를 듣는 사람들은 진심에 반응하고 감동하기 때문이다.

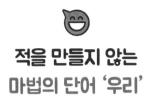

적을 만들지 않는
마법의 단어 '우리'

사람들은 드라마나 영화 또는 다큐 프로그램을 보면서 즐거워하고 감동한다. 특히 자신의 상황과 비슷한 이야기를 다룰 경우 감정이입이 되면서 자신도 모르게 깊이 빠져든다.

스토리를 다룬 이야기가 오랫동안 인기를 누리는 이유도 사람들로 하여금 공감을 느끼게 하기 때문이다. 공감이란 상대방의 감정이나 의견이 '나와 같다' 라는 느낌을 통해 마음이 편안해지면서 즐겁고 위로받는 상황을 말한다.

커뮤니케이션communication은 '공유하다', '함께 나누다' 라는 뜻의 라틴어, 'Communicare'에서 비롯되었다. 비슷한 감정과 경험을 공유하는 것이 진정한 커뮤니케이션이란 뜻이다.

오락 프로그램 '무한도전' 이 오랜 시간 인기를 누릴 수 있었던 이유가 무엇일까? 어딘가 부족하고 어설퍼 보이는 멤버들의 모습은 시청자들에게 경계심을 풀게 하고 편안함을 느끼게 해준다. 만약 모든 멤버들이 완벽하고 지적인 모습으로 비쳐졌다면 오랜 시간 인기를 끌기 어려웠을 것이다.

스피치 역시 마찬가지다. 말하는 사람과 듣는 사람은 하나의 주제를 통해 서로 커뮤니케이션이 이루어진다. 커뮤니케이션이 이루어지지 않는 이야기는 결코 성공적이라 할 수 없다.

사람은 누구나 자신과 공통점이 있는 사람에게 끌리고 관심을 갖는다. 심리학에서는 이것을 '유사성의 법칙' 이라 한다. 외국 영화나 드라마를 볼 때 한국에 관한 이야기나 한국말이 들리면 갑자기 귀를 기울이게 되는 것은 이 때문이다.

처음 만난 사람과 거리감을 좁히기 위한 가장 효과적인 방법이 무엇일까? 둘 사이의 공통점, 비슷한 점을 찾는 것이다. 사는 지역이나 출신 학교가 같으면 금세 친근감을 느끼고 취미나 관심사가 같으면 흥이 나서 이야기를 주고받는다.

이야기를 할 때도 사람들을 잘 분석해 그들이 현재 느끼는 감정을 표현함으로써 공감대를 형성하는 것이 중요하다. 예를 들면 날씨가 무더울 경우, "여러분, 찌는 듯한 더위에 이곳까지 오시느라 많이 힘드셨죠?"라는 말이나, 취업을 준비하는 학생들을 대상으로 한 스피치에서 "여러분, 요즘 취업 걱정에 마음고생이 심하시죠?"라고 이야기해주면 사소하지만 사람들은 '자신을 이해해주는구나'라고 생각하면서 의심과 경계를 푼다.

벽을 허무는 단어 '우리'

듣는 사람들과 공감대를 형성하기 위한 또 하나의 방법은 '우리'를 강조하는 것이다. '우리'라는 단어는 강력한 동질감을 느끼게 해준다. 무엇보다 한국인들은 공감대와 유대감을 중요하게 여긴다. 우리 회사, 우리 직원, 우리 동문 등의 '우리'라는 표현이 정서적인 안정감과 일체감을 느끼게 해주기 때문이다.

세계적인 연설에서도 효과를 발휘하는 것이 '우리'라는 표현이다. 2007년 1월 맥월드 엑스포에서 스티브 잡스는 첫 번째 아이폰을 공개하며 이렇게 말했다.

We're going to make some history together today.
우리는 오늘 이 자리에서 함께 역사를 만들고자 합니다.

그의 이야기를 들은 사람들은 '우리' 라는 단어를 통해 애플만의 이야기가 아닌 '나의 이야기' 이며 '우리의 이야기' 라고 느끼며 프레젠테이션에 더 몰입하게 된다.

사람들을 내 편으로 만드는 공감대 형성을 위해 '우리' 라는 단어를 의도적으로 강조해보자. 한 번 형성된 유대감은 쉽게 깨지지 않는다. 듣는 사람과의 벽을 허물고 친밀한 관계를 맺어 나가는 것은 스피치의 성패를 좌우할 만큼 중요하다.

콘서트장에 가면 가수가 마이크를 관객들을 향하게 한 뒤 후렴구나 클라이맥스 부분을 함께 부르는 장면을 자주 볼 수 있다. 이때 관객들은 가수와 함께 노래를 부르며 하나가 된 기분을 느끼게 된다.

스피치는 무대에서 펼쳐지는 공연과 같다. 가수들이 마이크를 사람들에게 건네고 함께 노래를 부르는 순간 그들 사이에 벽이 허물어지고 친밀감을 느끼게 되듯, 말하는 사람과 듣는 사람의 심리적 거리감을 줄이기 위해서는 사람들의 적극적인 참여를 유도해야 한다. 이때 '우리' 라는 단어는 여러 가지로 큰 효과를 낸다.

숫자와 시각 자료, 구체적 사례는
늘 좋은 효과를 낸다

우리는 늘 숫자를 접하며 살고 있고, 비즈니스 세계에서는 오래 전부터 숫자를 마케팅 수단으로 활용해 왔다.

'베스킨라빈스 31'은 날마다 31종류의 아이스크림을 판매한다는 메시지를 소비자에게 전달한다. 편의점 세븐일레븐은 1946년 당시에는 아침 7시부터 저녁 11시까지 영업을 한다는 의미가 담겨 있었다. 전설적인 향수 샤넬 No.5는 코코 샤넬이 만든 여러 개의 향수 중 다섯 번째로 개발됐다고 해서 붙여진 이름이다. 이처럼 기업이나 제품 이름에 숫자를 사용해 의미를 부여하면 신선하고 고객들의 기억에도 오래 남는다.

이야기에서도 숫자를 활용하면 사람들의 귀를 사로잡을 수 있다. 미즈키 아키코는 16년 동안 국제선 승무원으로 일하며 퍼스트 클래스 객실을 담당했다. 그녀가 쓴 『퍼스트 클래스 승객은 펜을 빌리지 않는다』에서 "여러분은 성공한 사람들의 밀도가 가장 높은 곳이 어디라고 생각하십니까? 회의실? 국제 회의장? 고급 리조트? 저는 국제선 퍼스트 클래스라고 생각합니다."라고 말하며 다음과 같이 이유를 설명했다.

"이코노미 클래스에 비해 다섯 배 이상의 요금을 치르고 비행기를 타는 퍼스트 클래스 승객들은 성공한 사람들 중에서도 소수만 탈 수 있는 공간입니다. 일반적으로 300석 비행기의 경우 퍼스트 클래스 좌석은 9석인 경우가 많습니다. 300석 중 9석이라면 전체 좌석 수의 3%에 해당합니다. 일본 부유층은 전체 인구의 2~3% 정도라고 합니다. 단순히 돈으로 측정한 수치일 수 있지만 이들은 자신의 뜻을 이룬 성공한 사람들이기도 합니다. 꿈을 이뤄 부를 축적한 사람들의 수가 퍼스트 클래스에 탄 승객들의 비율과 동일하다는 것을 알게 되었습니다."

여기서 마지막 문장이 그녀가 하고 싶은 이야기일 것이다. 먼저 비행기의 전체 좌석 수와 퍼스트 클래스의 좌석 수의 비율을 보여주고, 일본 전체 부유층의 비율을 제시함으로써 자신의 주장에 대한 근거를 뒷받침한 것이다. 만약 "퍼스트 클래스에는 성공한 사람들이 가장 많이 모여 있는 공간입니다."라고만 이야기했다면 이 말에서 큰 위력을 느끼지 못했을 것이다.

숫자를 제시하면 메시지가 좀 더 객관적이고 논리적으로 들린다. 말하는 사람에게 신뢰감을 느낀 사람들은 결국 그의 말에 공감하고 동의하게 된다. 스티브 잡스도 숫자 활용에 능했다. 2008년 아이폰 출시 200일을 기념해 맥월드 엑스포에서 이렇게 말했다.

"지금까지 아이폰 400만 대를 팔았습니다. 400만 대를 200일로 나누면 하루에 2만 대를 판 셈입니다."

'200일에 400만 대가 팔렸다고 하면 많이 팔린 건가?'라는 의문이 드는데 하루에 2만 대가 팔렸다고 하면 판매량에 대한 체감이 훨씬 쉽게 다가온다. 이렇듯 숫자나 통계를 사용하면 내용 전달이 더 정확하고 객관적인 정보로 다가와 설득력이 높아지는 효과가 있다.

사람들을 구름처럼 몰고 다니는 도슨트

박물관이나 미술관에 가면 관객들에게 전시물을 소개하고 설명해주는 도슨트라는 안내인을 만날 수 있다.

얼마 전 '사람들을 구름처럼 몰고 다니는 도슨트' 라는 기사를 보고 그 전시회에 흥미가 생겨 다녀온 적이 있다. 정말 여느 전시회에서는 볼 수 없을 정도로 그 도슨트 주변에는 사람들이 많이 몰려 있었는데, 조금 독특한 광경을 볼 수 있었다. 전시 작품을 설명하기 앞서 작가의 생전 모습을 자신의 태블릿 기기에 담아 관객들에게 보여주며 이야기를 시작했다. 사람들이 워낙 많아 뒤에 있는 사람들은 잘 보이지도 않았지만 태블릿을 들어 올려 빙 돌려 보여주자 어수선했던 분위기가 한순간 정리되면서 사람들이 집중했다.

시각 자료는 이야기를 듣는 사람들의 큰 관심을 불러 모으고 집중도를 높인다. 아마 동전을 들어 보여도 저걸 왜 보여주는 걸까? 하면서 사람들은 궁금해할 것이다. 물론 시각 자료를 준비할 때는 충분히 관련성 있는 이야기가 나와야 하는 것은 필수다.

스티브 잡스는 2008년 맥북 에어를 내놓으며 세상에서 가장 얇은 노트북이라고 소개했다. 그 메시지를 전달하기 위해 그는 무대 위에서 직접 노란색 서류 봉투에 담은 맥북 에어를 꺼내면서 "바로 이것이 맥북 에어입니다."라고 말했다. 순간 장내에 퍼지던 청중들의 환호와 박수갈채는 영상으로도 그 벅참을 느낄 수 있었다.

서류 봉투에 담은 맥북 에어를 이미 프레젠테이션 슬라이드에서 한 장의 이미지로 보여주었지만 다시 한 번 직접 실물을 보여줌으로써 청중들의 호기심과 관심을 극대화시킨 것이다. 그의 전략은 탁월했고 프레젠테이션은 크게 성공했다.

그것이 어떤 단어이든 그림이든 신문이든 시각 자료를 활용하면 사람들의 관심도는 순식간에 증폭된다는 사실, 반드시 기억해야 할 것이다.

새벽 다섯 시에 개를 산책시키는 스타벅스 CEO

숫자와 통계, 시각 자료만큼 사람들의 마음을 흔드는 것이 구체적 사례다. "성공한 사람들은 아침에 일찍 일어나 하루를 시작합니다."라는 말로 사람들을 일찍 일어나게 할 수 있을까? 이 문장은 너무나 진부해 오히려 듣는 사람으로 하여금 반박하고자 하는 마음이 들게 할 수 있다. 하지만 적절하고 구체적인 사례를 제시하면 상대의 반박을 최소화하면서도 내가 하고자 하는 말에 몇 배의 힘이 실리게 할 수 있다.

버진 그룹 회장 리처드 브랜슨

영국의 억만장자 리처드 브랜슨은 새벽 5시 45분에 일어나 햇볕을 쬔다. 섬에서 휴가를 보낼 때도 5시 45분에 일어나 아침을 먹기 전 수영이나 서핑을 하고, 날씨가 좋지 않을 때는 테니스를 친다.

애플 CEO 팀 쿡

새벽 4시 30분에 일어나 이메일 답장을 하고, 5시부터 운동, 6시까지
회사에 출근한다.

미국 보그 편집장 안나 윈투어

패션계의 거물인 그녀는 5시 45분에 일어나 한 시간 정도 테니스를
친다. 전담 헤어스타일리스트의 도움을 받아 특유의 뱅 스타일을 연
출한 뒤 회사에 출근한다.

제너럴 모터스 CEO 대니얼 애커슨

새벽 4시 30분이나 5시가 지날 때까지 자는 법이 없다. GM 아시아
지사와 연락하기 위해서다.

펩시코 CEO 인드라 누이

2010년과 2011년 미국 포춘지가 선정한 가장 영향력 있는 여성 경제
인 50인에 뽑힌 그녀는 새벽 4시에 일어나 7시가 되기 전에 회사에 출
근한다.

스타벅스 CEO 하워드 슐츠

슐츠는 새벽 4시 30분에 일어나 개를 산책시키며 운동을 한다. 5시 45

분에는 아내와 자기 자신을 위해 보덤사의 커피 메이커를 이용해 커피를 만든다.

구체적인 사례는 말하는 사람의 주장을 잘 뒷받침해준다. 나의 주장을 납득시킬 만한 구체적인 사례를 제시해 사람들을 설득해보자. 사람들은 자신의 생각을 쉽게 바꾸지 않는다. 타당하고 정당한 이유와 근거를 보여주었을 때 비로소 마음의 동요가 일기 시작한다.

가끔은 멋진 사람의 말을
빌려 써본다

광고나 홈쇼핑에 유명인이 나와 상품을 홍보하거나 판매하는 모습을 자주 볼 수 있다. 인지도 높은 연예인이 나와 화장품 광고를 하면 '나도 저렇게 피부가 좋아지고 예뻐질 수 있겠지' 하는 심리가 발동하고, 유명한 의사가 '이 식품을 먹으면 이렇게 건강해질 수 있다'고 말하면 또 그 물건을 사고 싶어진다. 설득의 한 방법인 권위의 법칙을 잘 활용한 것이다.

사람들은 유명인의 말이라면 대체로 믿으려는 경향이 있다. 유명한 사람이니까, 전문가니까, 권위자니까 그 사람이 하는 말은 틀림없을 것이라고 자연스럽게 받아들인다. 권위란 강하고 힘 있는 도구이며, 인간은 본능적으로 이러한 권위에 안정성을 느낀다. 『설

득의 심리학』을 쓴 로버트 치알디니는 권위의 법칙에 대해 이렇게
말했다.

"인정된 권위자가 주는 메시지는 주어진 상황에서 어떻게 행동할 것
인가를 순간적으로 결정하게 만든다."

사람들은 권위자의 말과 지침이 내려지면 옳고 그름을 분석하는
데 신경 쓰지 않고 의심이나 여과 없이 수용한다. 세계 경제의 중심
에 있는 세계경제포럼 회장인 클라우스 슈밥도 자신이 쓴 『4차 산
업혁명』에서 유명한 하버드대학 교수의 말을 인용함으로써 권위자
의 법칙을 잘 활용했다.

"인터넷을 통한 상호 연결성이 높아지면서 개인에게 발생하는 가장
큰 문제 중 하나가 사생활 침해에 대한 우려다. 프라이버시에 대한 쟁
점은 더욱 큰 문제로 우리에게 다가오고 있다. 하버드대학교의 정치
철학자인 마이클 센델이 말한 것처럼 우리는 일상적으로 사용하는 여
러 기기를 통해 편리함을 취하는 대가로 기꺼이 사생활을 제공하려는
경향을 점점 더 보이고 있기 때문이다."

2007년 1월 12일 금요일 아침 8시, 워싱턴 D.C의 심장부 랑팡

지하철역에서 허름한 청바지에 야구 모자를 눌러쓴 한 남자가 바이올린을 연주하기 시작했다. 출근하는 사람들 앞에서 45분 동안 모두 6곡을 연주했는데, 지나간 1100여 명의 사람들 가운데 1분 이상 멈춰 연주를 들은 사람은 7명이었고, 27명이 그의 바이올린 케이스에 돈을 넣었다. 바이올린을 연주한 사람은 세계적인 바이올리니스트이자 클래식계의 슈퍼스타 조슈아 벨이었다.

이 실험은 워싱턴포스트지가 기획한 것으로, 그가 들고 연주한 바이올린은 1731년에 만든 50억 원짜리 스트라디바리우스였다. 그의 연주를 들으려면 최소한 6개월 전에 예약해야 하며, 로열석은 수천 달러를 지불해야 한다. 일반석도 100달러 가까이 하지만 매진되기 일쑤다. 실험이 있기 불과 사흘 전에도 조슈아 벨은 보스턴 심포니 홀을 매진시켰다. 만약 이 실험에서 그가 멋진 정장을 입고 있었거나, 들고 있던 바이올린이 스트라디바리우스이며, 그가 그토록 유명한 죠수아 벨이라는 사실을 사람들이 알았더라면 어땠을까?

사회적으로 인정받는 자격을 갖고 있거나 권위 있는 전문가의 의견은 자신의 주장에 대한 좋은 근거가 될 수 있다. 가끔은 이야기 주제와 관련해 전문가나 권위 있는 사람의 말을 빌려 내가 전하고자 하는 내용을 전달해보자. 믿음과 신뢰라는 측면에서 큰 효과를 발휘할 것이다.

51초의
침묵

오페라 장면을 떠올리면 흔히 과장되면서도 격정적인 이미지가 떠오르는데, 언어의 리듬, 악센트, 억양의 변화를 주는 레치타티보가 오페라를 더욱 극적으로 만들어주기 때문이다.

이야기를 할 때도 내용에 리듬감을 실어주고 다양한 변화를 주면 전달력이 높아지고 듣는 사람들의 집중도도 끌어올릴 수 있다. 짧은 이야기인데도 지루하게 느껴지는 경우가 있다면 그 까닭은 한 가지 톤으로 단조롭게 말하기 때문이다.

리듬감 있게 말하기 위해서는 목소리의 크기와 억양, 속도, 강조, 포즈pause를 활용해 다양한 변화를 주어야 한다. 목소리의 크기는 듣는 사람들의 규모와 장소의 크기를 고려해야 한다. 뒤에 앉아 있는 사람들도 충분히 들을 수 있는 정도가 적당하다. 말하는 내내 똑같은 크기의 목소리로 말한다면 여기저기서 조는 사람들을 발견할 수 있을 것이다.

 Part 2에서 자세히 소개하겠지만, 소리 강조의 첫 번째 방법은 어조에 변화를 주는 것이다. 목소리의 억양(높낮이)은 앞에 있는 사람과 대화하듯 자연스러운 것이 좋은데, 다양한 어조를 활용하면 생동감이 느껴진다.

 효과적인 속도는, 잘 알고 있거나 쉬운 내용은 빠르게 말하고, 어려운 내용은 천천히 말하는 것이다. 일반적으로 사람들은 긴장을 하면 말이 빨라지는 경향이 있으므로 의식적으로 천천히 말하려고 노력해야 한다. 말이 너무 빨라져 분위기를 다급하게 만들거나 반대로 너무 늘어지지 않도록 속도를 적당히 조절하는 것이 필요하다.

 두 번째 소리 강조법으로는 강세를 주는 것이 있다. 강조하고자 하는 문장이나 단어를 힘주어 말하는 것인데, 소리를 크게 내거나 반대로 목소리를 낮추어 강조하는 방법이다. 주로 밝고 희망적인 부분에서는 높임 강조로, 슬프거나 절망적인 부분에서는 낮춤 강조가 좋다.

마지막으로, 가장 중요한 포즈Pause를 통한 강조법이 있다. 중요한 문장이나 단어 앞에서 잠시 말을 멈추고 쉬게 되면 사람들의 관심을 집중시키는 효과가 있다.

시선을 사로잡는 잠깐의 침묵

'51초의 침묵' 이란 이름이 붙은 오바마 대통령의 애리조나 총기 난사 사고 추모 연설은 포즈 강조법이 가장 극명하게 활용된 예라고 할 수 있다. 뉴욕 타임즈는 이 연설이 21세기 최고의 스피치였다며 찬사를 아끼지 않았다.

오바마 대통령은 연설 끝에 최연소 희생자인 크리스티나를 언급하며 "나는 미국의 민주주의가 크리스티나가 꿈꾸던 것과 같았으면 좋겠다고 생각합니다. 우리 모두는 어린이들이 바라는 나라를 만들기 위해 최선을 다해야 합니다."라고 말한 뒤 길게 침묵했다. 떨리는 눈으로 오른쪽 청중을 보며 10초를 보냈고, 다시 10초 정도 숨을 길게 내쉬었으며, 30초 정도 눈물을 참는 듯 눈을 깜박이며 감정을 추스르는 모습을 보였다. 이 침묵을 두고 평소 그를 헐뜯던 보수 논객들조차도 미국을 단합시킨 '51초의 침묵' 이라며 칭찬하기 바빴다.

이야기 도중 잠깐의 침묵은 사람들의 눈과 귀를 확실히 끌 수 있다. 핵심 내용을 말하기 전이나, 다른 주제로 넘어갈 때 적절하게 활용해보자.

당신이 하고자 하는 모든 시작의 날은 — **오늘입니다.**
미래를 예측하는 확실한 방법은 — **미래를 창조하는 것입니다.**
당신이 할 수 있는 가장 큰 모험은 — **당신이 꿈꾸는 삶을 사는 것입니다.**
그가 정상에 오른 비결은 무엇일까요? — **바로 끈기입니다.**
마거릿 대처는 이렇게 말했습니다. — **"습관을 조심해라, 운명이 된다."**
내 비장의 무기는 손 안에 있습니다. — **그것은 희망입니다.**

포즈 강조법을 활용할 때는 오바마의 침묵에서도 볼 수 있듯이 표정과 몸짓 같은 비언어적 커뮤니케이션을 사람들에게 보여줘야 한다. 시선을 한쪽에서 다른 쪽으로 서서히 돌리거나, 아무 말 없이 무대 끝에서 중앙으로 걸어가며 시선을 모으는 것도 하나의 방법이다.

말의 강약과 속도, 포즈에 의한 강조법을 적절히 활용하면 훨씬 생동감 넘치는 목소리를 만들 수 있다. 이들은 의미 전달의 효용성, 발음의 정확성, 깊은 울림을 주는 발성까지 영향을 미치기 때문이다.

사람들은
스토리텔링에 감동한다

"세상에서 가장 어려운 일이 뭔지 아니? 사람
의 마음을 얻는 일이란다."

생텍쥐페리의 소설 『어린왕자』의 한 부분이다. 협상과 설득에 관
한 연구와 책이 그토록 많은 것도 인간관계에서 가장 힘든 부분이
다른 사람의 마음을 얻는 일이기 때문일 것이다.

이야기를 통해 내가 전하고자 하는 핵심 내용을 전하고, 상대방
의 마음을 움직이게 하는 데 가장 효과적인 방법은 이야기를 들려
주는 것이다. 이야기는 어떠한 논리적인 설득보다 사람의 마음을
움직이게 하는 강력한 힘을 갖고 있다.

어떤 한 사람의 경험이나 사건은 다른 사람의 인생관을 바꿔 놓

기도 하고 삶에 대한 태도에 변화를 불러일으키기도 한다. 이때 감동적인 연설을 하는 사람들을 보면 이야기 속에 늘 자신의 이야기를 녹여 내거나 자신이 경험한 이야기를 들려준다. 스토리텔링 기법을 활용하는 것이다.

스토리텔링storytelling은 말하고자 하는 바를 재미있고 생생한 이야기로 설득력 있게 전달하는 것을 말한다. 스토리텔링은 고전적이면서도 무척 효과적인 커뮤니케이션 형태다. 사람들은 있는 그대로의 사실보다 정서적인 몰입과 공감이 바탕이 되었을 때 감동받는다. 요즘은 광고나 마케팅, 프레젠테이션 할 것 없이 모두 스토리텔링을 강조한다.

최고의 스토리텔링은 '나의 이야기'다

패션 기업 샤넬은 창시자이자 패션 디자이너인 코코 샤넬이 죽은 지 수십 년이 지났지만 여전히 그녀의 패션 정신을 기리며 그 정신을 이어가며 발전해가고 있다. 불우한 어린 시절을 보낸 코코 샤넬은 인생의 격정을 딛고 성공한 영화 같은 스토리를 갖고 있다. 이를 바탕으로 샤넬은 끊임없이 대중들에게 흥미로운 스토리를 제공함으로써 오래도록 기업을 브랜딩해 가고 있다.

미래학자 롤프 옌센Rolf Jensen은 "세상은 이미 물질적인 부가 아닌 문화와 가치, 생각이 중요해지는 꿈의 사회로 진입했다. 이런 사회에서는 고유한 스토리를 팔아야 한다. 스토리텔링을 배우지 못한다면 사람들을 결코 설득할 수 없고, 설득할 수 없다는 것은 원하는 것을 얻지 못한다는 의미와 같다."고 했다.

단편적인 사실이나 이론을 열거한다면 사람들은 금방 지루해한다. 하지만 재미있고 생동감 넘치는 스토리에는 금방 눈을 반짝거린다.

앞서 여러 번 강조했듯이 사람은 화려한 말솜씨보다 진정성에 감동받는다. 스토리텔링에 진정성을 담기 위해서는 나의 경험을 이야기하는 것이 가장 효과적이다. 책이나 신문에서 찾아온 이야기를 했는데 '어디선가 들어본 것 같은데…' 라고 하면 맥이 빠진다. 하지만 나만의 스토리로 메시지를 전달하면 차별되고 창의적인 이야기이기 때문에 사람들은 쉽게 매료된다.

그리스 철학자 아리스토텔레스는 『수사학』에서 설득의 3요소로 에토스화자와 파토스감성, 로고스논리가 있다고 했다. 이 가운데 에토스가 60%, 파토스가 30%, 마지막 로고스가 10%를 차지한다. 이것은 이야기의 흥미와 논리도 중요하지만 누가 말하느냐가 가장 중요하다는 것을 뜻한다. 말하는 사람이 직접 경험하고 느낀 이야기를 할 때 스토리는 더욱 강력한 힘을 갖는다.

저의 할아버지는 영국인의 하인이었습니다

2004년 당시, 그때만 해도 사람들에게 많이 알려지지 않았던 오바마는 자신의 이야기로 연설을 시작했다.

"오늘 밤은 제게 특별히 영광스러운 자리입니다. 왜냐하면 제가 이 자리에 있는 것은 거의 있을 수 없는 일이기 때문입니다. 제 아버지는 케냐의 작은 마을에서 태어나고 자란 외국인 유학생이었습니다. 아버지는 염소를 치며 자랐고, 양철 지붕을 덮은 판잣집 학교에 다니셨습니다. 그의 아버지, 그러니까 저의 할아버지는 영국인의 요리사이자 하인이었습니다."

갓 상원의원이 되었고, 게다가 연방 상원의원 가운데 유일하게 흑인이었던 그는 사람들에게 특별한 존재로 여겨졌을 것이다. 하지만 자신의 출신 배경을 밝힘으로써 청중들과의 거리감을 좁혔고, 그가 보통 사람과 비슷하다는 동질감을 느끼게 해주었다. 만약 그가 자신의 화려한 경력을 뽐냈다면 어땠을까? 사람들의 반감을 샀을 것이고 열렬한 지지를 받지 못했을 것이다. 자신을 적절하게 노출할 때 상대방은 친근감을 갖고 인간적인 매력을 느낀다.

스티브 잡스도 마찬가지다. 미혼모에게 버림받고 중산층 가정에

입양되었지만 비싼 학비를 감당할 수 없어 대학을 자퇴한 뒤 허름한 차고에서 애플 컴퓨터를 창업했다. 빌 게이츠보다 스티브 잡스가 더 인기 있는 이유는 이러한 인생 역전의 경험을 갖고 있기 때문이다. 그렇다고 우리 모두가 이들처럼 고난의 인생 경험을 가져야한다는 것은 아니다. 인생은 각각 다른 모습을 지니고 있기 때문에 그 자체만으로 독특함과 특별함은 충분하다.

스토리텔링을 한다고 해서 반드시 경험 자체가 강렬하고 특별해야 하는 것은 아니다. 그동안 읽었던 책에서 감명을 받았던 부분이나, 한 가지를 꾸준히 노력해서 얻게 된 성취에 관한 이야기를 자기만의 언어로 풀어내면 사람들은 관심을 갖고 귀를 기울인다.

스토리텔링을 활용해 이야기를 할 때는 사람들의 머릿속에 그림이 그려질 수 있을 정도로 생생하게 해야 한다. 이야기꾼들은 자신이 직접 경험하지 않은 것도 마치 눈앞에서 그 일이 벌어지고 있는 듯 생동감 있게 이야기한다.

스토리가 지루해지지 않기 위해서는 배우처럼 약간의 연기력도 필요하다. 슬픈 내용일 때는 목소리 톤을 낮춘다든지 큰 목소리로 강조해보자. 살짝 과장된 몸짓을 시도해보는 것도 괜찮다. 하지만 이러한 요소들은 재미와 몰입을 위한 보조 수단이기 때문에 과하지 않도록 해야 한다.

스토리텔링을 통해 흥미롭게 내용을 전개했다면 이를 통해 생각해봐야 할 성찰에 대해 언급함으로써 사람들을 감동시키거나 설득시켜야 한다. 양치기 소년 이야기가 '거짓말을 해서는 안 된다' 는 주제를 담고 있듯이 자신이 진짜 말하고 싶은 핵심 메시지를 스토리와 연결시킬 때 비로소 스토리텔링은 효과를 발휘한다.

한 문장으로 정리해서
말하기

　나는 아나운서를 준비하기 위해 1년 동안 백수로 지냈다. 대학원 졸업과 동시에 백수가 된 것이다. 나이는 서른이 다 되어 가고, 아나운서가 된다는 확실한 보장도 없을 때였다. 대부분의 친구들은 회사에 들어가 안정된 생활을 하고 있었다. 무모한 도전의 시간이었던 그때, 그 시간을 혼자 이겨내기란 쉽지 않았다. 하지만 꼭 아나운서가 되겠다는 확실한 목표가 있었기에 흔들리지 않고 한 방향으로 나갈 수 있었다.

　성격과 동기 심리학 분야의 세계적인 학자인 캠브리지대학 심리학과 브라이언 리틀Brian Little 교수는 개인의 좋은 목표 설정은 삶의 질을 높인다는 연구 결과를 발표한 적이 있다.

목표가 중요한 것은 인생뿐만이 아니다. 설득력 있는 이야기를 하고 싶다면 우선 목표를 확실히 세워야 한다. 막연하고 뜬구름 잡는 식의 목표가 아니라 구체적이고 분명한 목표를 정해야 한다. 살을 빼서 멋진 몸매로 거듭나겠다는 모호한 목표는 작심삼일로 끝나는 경우가 많다.

다이어트 전문가들의 조언처럼 감량 목표와 운동 시간, 운동량, 목표 기간을 구체적으로 정하면 결과는 달라진다. '한 달 안에 5kg을 줄이겠어!', '날마다 한 시간씩 유산소와 근력 운동을 해야지.'라고 구체적인 목표를 정하면 실천하기가 훨씬 수월해진다. 데일 카네기는 『성공대화론』에서 성공적인 이야기를 위한 목표 설정의 중요성에 대해 이렇게 말했다.

"이야기는 목적이 있는 항해다. 어딘지 모르는 곳에서 출발한 사람은 대개 어딘지 모르는 곳에 도착한다. 그러므로 항해 지도를 미리 작성해야 한다."

왜, 무엇을, 어떻게 말할 것인가?

마틴 루터 킹 목사의 '나에게는 꿈이 있습니다' 라는 연설은 인권 운동사에 길이 남는 명연설이다. 스피치 분야의 교과서처럼 여겨지는 그의 연설을 들은 사람들은 당장이라도 자신의 모든 것을 불태우고 싶을 정도로 감명을 받는다고 한다. 그 이유가 무엇일까? 바로 꿈에 대한 주제가 명확하게 드러나 있기 때문이다. 듣는 동안에는 배꼽 빠지게 웃었는데 끝나고 돌아서니 기억에 남는 것이 없다는 연설이 자주 있다. 이유는 주제가 명확하지 않아서다.

사람들 앞에만 서면 무슨 말을 해야 할지 모르겠고, 내용에 두서도 없으며, 핵심을 전하지 못하겠다는 사람들이 있다. 역시 자신이 하고자 하는 말의 목표가 확실하지 않기 때문이다. 루즈벨트는 "말하려는 것이 확실해지기 전까지는 말하지 말고, 그것이 무엇인지 알았을 때 말하라."고 했다. 그렇다면 목표 설정은 어떻게 해야 할까? 다음 세 가지 질문을 통해 방향을 잡을 수 있다.

첫째, 이 이야기를 왜 하는가?
둘째, 이 이야기를 통해 무엇을 얻고자 하는가?
셋째, 나의 이야기를 듣는 사람들에게 어떤 영향을 미치길 원하는가?

이 세 가지 질문에 답을 채워 나가다 보면 이야기의 목표가 확실해진다. 목표를 정하고, 이야기에 대한 전체적인 내용 구상이 되었다면 한 문장으로 핵심 내용을 압축해보는 작업이 필요하다. 다시 말해 이야기를 통해 말하고자 하는 바를 핵심 메시지로 간략하게 정리하는 것이다.

윈스턴 처칠은 "청중이 자신이 들은 이야기를 한 문장으로 설명하지 못한다면 그 연설은 하지 않은 것만 못하다."고 했다. 어떤 내용이든 한 줄로 요약할 수 있어야 설득력을 가진 좋은 이야기가 될 수 있다.

사람들의 마음을 사로잡는 이야기를 하고 싶다면 왜, 무엇을, 어떻게 말할지에 대한 방향을 확실히 정하고, 한 문장으로 핵심 메시지를 정리할 수 있어야 한다. 분명한 목표를 향해 흔들림 없이 나아가는 이야기는 틀림없이 사람들의 마음을 사로잡을 것이다.

듣고 싶어 하는 이야기 먼저, 하고 싶은 이야기는 나중에

스피치는 각기 다른 배경과 가치관을 가진 사람들에게 하나의 메시지를 전달하는 행위로, 듣는 사람 중심으로 이루어진다. 다시 말해 이야기를 하는 사람이 일방적으로 말을 하는 것이 아니라 듣는 사람과 함께하는, 양방향 소통이 이루어지는 커뮤니케이션 과정이다.

아무리 좋은 내용이라도 사람들이 흥미를 느끼지 못하고 관심을 가져주지 않으면 소용이 없다. 그러므로 스피치를 준비하기 전에 사람들에 대한 분석이 반드시 필요하다. 피터 드러커는 "중요한 것은 당신이 무엇을 말하는가가 아니라 청중이 무엇을 듣는가이다." 라고 했다.

청중 분석은 누구를 대상으로 하는지, 연령대는 어떤지, 성별이나 종교, 교육 수준, 지역적 특성, 직위 따위를 파악하는 것이다. 이런 과정을 꼼꼼하게 거쳐야 이야기를 통해 사람들이 얻고자 하는 바를 효율적으로 전달할 수 있다.

예컨대 초등학생들을 대상으로 하는 이야기에서 어려운 경제 용어를 자주 사용하는 것은 적절하지 못하다. 50대 직장인들에게 뽀로로 이야기를 늘어놓는다면 어떨까? 극단적인 예지만 그만큼 사람들에 대한 사전 분석이 잘 이뤄져야만 그들의 마음을 사로잡을 수 있다는 이야기다.

러셀 콘웰 박사의 명강연 '다이아몬드의 땅'은 세계적으로 6천 회 가까이 이뤄진 명강연이다. 그만큼 많이 되풀이된 강연이라면 늘 같은 단어와 억양으로 이루어진 정적인 이야기일 것이라고 생각할 수 있지만 전혀 그렇지 않다. 만약 그랬다면 그의 강연이 세계적인 인기를 얻지 못했을 것이다. 콘웰 박사는 이렇게 말했다.

"나는 시골이나 도시를 막론하고 연설 계획이 잡히면 미리 그곳에 가서 우체국 사람들, 이발사 또는 호텔 지배인, 학교 교장, 선생님, 교회 목사님을 만나본다. 그리고 공장이나 가게에 들러 기술자나 주인, 손님들과 이야기하면서 그 지역의 생활 여건과 사정을 살핀다. 그렇게 모은 자료를 바탕으로 그 지방에 알맞은 주제에 대해 이야기한다. 그런데도 '다이아몬드의 땅'의 기본 정신은 전혀 달라진 적이 없다. 그 기본 정신이란, 이 나라의 모든 사람은 자신이 처한 환경에서 자신의 기술과 에너지, 친구들만으로도 지금보다 더 발전할 가능성이 많다는 것이다."

지식을 전달하는 정보 제공 스피치라면 듣는 사람의 지식 수준을 정확히 파악하는 작업이 필요하다. 전반적인 지식 수준을 고려해 이야기를 해야 효과적이기 때문이다. 설득이 목적인 경우에는 주제에 대한 사람들의 입장이나 태도를 미리 파악해야 한다. 주제에 대해 호의적이라면 이야기가 끝난 후 실천이나 행동 촉구를 요구할 수 있다. 반대의 경우라면 주제와 관련해 공감대 형성이 먼저 이루어져야 한다.

주제에 대해 반대하는 의견이 있다면 먼저 그 생각에 대해 존중하고 있다는 느낌을 주자. 상대방은 자신의 의견이 존중받고 있다는 느낌만으로도 당신의 이야기에 귀를 기울인다.

이야기의 성패를 좌우할 청중 분석을 통해 그들이 듣고 싶어 하는 말을 하자. 아리스토텔레스는 청중이 이야기의 목적이자 끝이라고 했다.

청중 분석 점검 사항

	점검 사항
청중 분석	**기본 자료** • 청중의 연령대는 • 청중의 성별은 • 청중의 참가 수는 어느 정도 되는가 • 청중의 교육 수준은 • 청중의 종교는 • 청중의 직업이나 지위는 • 청중의 국적은 • 청중의 지역은 **구체적인 자료** • 청중은 이 주제에 대해 어느 정도 관심이 있는가 　(높음, 보통, 낮음, 기타　　　　　　　　　　) • 청중은 이 주제에 대해 어느 정도 알고 있는가 　(많이, 보통, 적게, 기타　　　　　　　　　　) • 청중은 이 주제에 대해 어떤 태도를 갖고 있는가 　(긍정, 중립, 부정, 기타　　　　　　　　　　) • 청중은 연사에 대해 어떤 태도를 취하고 있나 　(호의적, 중립적, 부정적, 기타　　　　　　　)

청중 분석만큼이나 중요한
현장 분석

이 시대 최고의 프리젠터로 각광받았던 스티브 잡스의 경우, 무대 위에서 움직이는 동선과 자신의 보폭을 고려해 다음 동작에서 서게 되는 위치, 조명의 각도까지 세심하게 계산해 사전 리허설을 한 것으로 유명하다.

떨리고 긴장되는 상황에서 장소에 대한 정보가 없다면 긴장감은 더해진다. 무대 상황을 미리 파악해 머릿속에 무대 모습을 하나하나 그려 넣을 수 있도록 해보자. 우선 이야기를 할 장소가 어떤 곳인지 확실하게 체크하자. USB를 사용해야 하고, 프로젝트를 통해 PPT를 띄워야 하는 상황이라면 미리 시청각 기자재를 요청해야 한다. 당연히 준비가 되어 있겠지 하고 USB만 들고 갔다가 낭패를 당한 적이 있다. 기업 강의를 막 시작하던 때였는데, 빔 프로젝트가 준비되어 있는지 사전 체크를 못한 나의 잘못이 가장 컸다. 그 순간 식은땀이 나면서 얼마나 당황했는지 모른다. 다행히 여유 있게 도착했기에 장비를 요청하고 준비할 수 있는 시간이 있었다.

노트북이나 데스크톱, 마이크, 포인터 등이 준비되어 있는지도 꼼꼼히 살펴봐야 한다. 강연하는 곳에 노트북이 준비되어 있지 않아 자신의 노트북을 가져갈 경우, 연결 케이블은 있는지 미리 확인해야 한다. 장소가 넓고 사람이 많이 모이는 상황인데 목소리가 작아 걱정이라면 마이크의 유무를 확인해 미리 요청하는 것도 이야기를 수월하게 해나가는 하나의 방법이다.

공간이 너무 덥거나 춥다면 사람들은 금방 지치기 마련이다. 미리 예보를 통해 날씨를 알아본 뒤 에어컨이나 난방 시설은 되어 있는지, 작동은 잘 되는지 체크해야 한다. 이 역시 사람들에 대한 배려이며 자신의 이야기에 집중하도록 하는 효과적인 전략이다.

가능하면 미리 현장을 답사하거나 발표 시간보다 조금 일찍 도착해 상황을 점검하자. 현장 분석은 매끄럽고 수월한 진행을 위해 반드시 필요한 사전 작업이다.

현장 분석 점검 사항

	점검 사항
현장 분석	• 이야기는 언제 시작하는가 • 이야기는 언제 끝나는가 • 강연장의 크기는 어느 정도인가 • 참석하는 인원은 몇 명인가 • 좌석 배치는 어떻게 되어 있는가 • 컴퓨터, 빔프로젝트, 포인터 등은 준비되어 있는가 • 스크린은 어디에 있는가 • 연단의 높이는 나에게 적당한가 • 마이크는 준비되어 있는가 • 화이트보드, 마커 등의 필기구는 준비되어 있는가 • 음향 시설은 잘 갖추어져 있는가 • 냉난방 시설은 작동이 잘 되는가 • 기타

단순하지만 몰랐던
숫자 3의 비밀

인상적이면서도 강렬한 이야기를 하고 싶은가? 그렇다면 마법의 숫자 3의 법칙을 반드시 기억하자. 3의 법칙이란 주제와 관련된 내용을 3가지로 정리해 전달하는 것을 말한다. 물론 한두 가지나 네다섯 가지로 정리할 수도 있지만 신경과학자들은 사람이 가장 쉽게 기억하고 이해할 수 있는 것이 3가지라고 한다. 수학자 피타고라스는 모든 것을 움직이게 하는 중심축에 숫자 3이 있다고 했다.

숫자 3은 일상생활에서도 쉽게 접할 수 있다. 하루는 아침, 점심, 저녁으로 나뉘며, 인생은 과거, 현재, 미래로, 스포츠 메달은 금, 은, 동으로 구분된다. 빛의 삼원색은 빨강, 파랑, 초록이고 나무도

뿌리, 줄기, 잎으로 구성되어 있다. 가위, 바위. 보를 할 때도 삼세판을 한다. 그리스도교에서 말하는 성부와 성자와 성령의 삼위일체, 만물의 이치인 천지인天地人, 삼국지, 삼총사, 아기돼지 3형제 등 3을 활용한 사례는 셀 수 없을 정도다.

하버드나 MIT, 와튼 스쿨의 MBA 과정에서도 숫자 3을 적용해서 토론, 발표, 글쓰기 수업을 진행하는데, 논리적인 작문을 하거나 발표를 할 때 자신의 생각을 3가지로 정리해 전달하도록 훈련받는다.

숫자 3은 기업 경영에 있어서도 어렵고 복잡한 일을 명쾌하게 정리해주는 데 도움이 된다. 포춘 500대 기업 중 최장수 기업인 듀폰의 CEO였던 채드 홀리데이는 회사가 위기에 처하자 회생 계획을 수립한 다음 3가지로 압축해서 전달했다.

"회사가 매우 어려운 상황에 처해 있습니다. 위기를 극복하기 위해 다음과 같은 3가지 조치를 취하려고 합니다."

6만 명이나 되던 직원들은 간단명료한 그의 회생 계획을 빠르게 받아들였고, 덕분에 열흘 안에 바로 실행에 들어갈 수 있었다. 만약 상황 설명을 장황하게 했다면 그 많은 직원들이 그토록 일사분란하게 계획을 실행하기 어려웠을 것이다.

짧은 이야기도 구성은 반드시 3단으로

고전 명작이나 대부분의 시나리오는 3막으로 구성되어 있다. 스피치의 내용 구성도 마찬가지다. 이야기의 논리적인 전개를 위해서는 서론, 본론, 결론으로 나누는 3단 구성이 필요하다. 더불어 본론에서도 사람들이 반드시 기억했으면 하는 핵심 내용을 3가지로 나누어 전달하면 주제를 효과적으로 전달할 수 있다.

스피치의 전설이 된 스티브 잡스는 3이라는 숫자의 마법을 잘 알고 활용했다. 감동적이고 훌륭한 연설로 꼽히는 2005년 스탠퍼드 대학 졸업식 축사에서 그는 3의 법칙을 완벽하게 적용했다. 전체 내용을 서론, 본론, 결론으로 나누었으며, 본론의 내용 역시 3가지로 구성해 전달했다.

서론

Today, I want to tell you three stories from my life.

That's it. No big deal. Just three stories.

오늘 저는 여러분께 제 인생에 관한 세 가지 이야기를 들려드리고자 합니다. 그뿐입니다. 별로 대단한 건 아닙니다. 딱 3가지 이야기입니다.

스티브 잡스는 연설 도입부에서 자신이 할 이야기가 3가지로 구성되어 있음을 미리 알려주었다. 사람들이 본능적으로 3단 구성을 좋아한다는 것을 잘 알고 있었기 때문에 미리 그렇게 말함으로써 이미 오프닝에서 청중들의 마음을 사로잡았다. 그 결과 사람들은 부담스럽지 않은 숫자 3을 듣고 한결 편안한 마음으로 연설에 몰입할 수 있게 되었다.

본론

핵심 내용 1

The first story is about connecting the dots.

첫 번째 이야기는 인생의 모든 경험에서 연결점을 찾으라는 것입니다.

핵심 내용 2

My second story is about love and loss.

두 번째 이야기는 사랑과 상실에 관한 것입니다.

핵심 내용 3

My third story is about death.

세 번째 이야기는 죽음에 관한 것입니다.

그는 핵심 내용을 두괄식으로 표현해 청중의 집중력을 높이며 연설을 이끌어 나갔다. 더불어 중간 중간 자신의 경험과 깨달음을 스토리텔링 형식으로 들려주며 감동을 전해주었다.

결론

Your time is limited, so doesn't waste it living someone else's life. 'Stay hungry, Stay foolish' And I have always wished that for myself. And now, as you graduate to begin anew, I wish that for you. Stay hungry, Stay foolish. Thank you all very much.

여러분에게 주어진 시간은 유한합니다. 그러니 남의 인생을 대신 사느라 여러분의 시간을 낭비하지 마십시오. '항상 갈망하고, 늘 우직하라' 저는 늘 그렇게 살기를 바라왔습니다. 그리고 이제 졸업을 하고 새로운 시작을 하려는 여러분을 위해 그것을 소망합니다. 항상 갈망하고, 늘 우직하게 자신의 길을 걸어가십시오. 여러분 고맙습니다.

스티브 잡스는 이 연설뿐 아니라 평소의 프레젠테이션에서도 3의 법칙을 잘 활용했다. 2007년 1월 9일 최초로 아이폰을 선보였을 때는 이렇게 소개했다.

"첫째, 터치스크린으로 작동이 가능한 와이드 스크린 아이팟!
둘째, 혁신적인 휴대폰!
셋째, 우리의 상상을 추월하는 인터넷 기기!
이 세 가지는 별도의 기기가 아닙니다. 모두 하나의 기기, 우리는 그것을 아이폰이라고 부릅니다."

2001년 아이팟 기능을 설명할 때도 3가지로 나누어서 설명했다.

"아이팟은 세 가지 혁신을 일으켰습니다. 첫 번째는 뛰어난 휴대성, 두 번째는 파이어 와이어를 내장했고, 세 번째는 배터리 수명이 길어졌다는 것입니다."

아이패드 2를 처음 선보였을 때도 그는 딱 세 마디만 했다.

"더 작고, 더 가볍고, 더 빨라졌다."

신제품이 지닌 많은 장점들 가운데 그는 정말 중요한 세 가지 장점만 언급했다. 애플의 신제품을 사기 위해 사람들이 줄을 서서 기다리게 만든 것은 그가 제품에 대해 설명하고 소개하는 프레젠테이션의 힘, 곧 스피치의 힘이라 해도 지나치지 않다.

만약 그가 제품의 장점을 수두룩하게 늘어놓았다면 지금과 같은 인기를 기대할 수 있었을까? 사람의 감성을 본능적으로 잘 알고 있던 그는 숫자 3의 법칙을 마법처럼 활용했다. 그래서 사람들은 그의 말을 믿고, 기억했으며, 열광했던 것이다.

중요한 메시지는 3번 반복하자

같은 내용이나 말을 3번 되풀이해서 말하면 듣는 사람은 그 내용을 임팩트 있게 받아들인다. 숫자 3의 법칙을 활용하는 또 하나의 효과적인 전달 방법이다. 위대한 연설가들은 청중에게 강렬한 인상을 심어주기 위해 무엇인가를 강조할 때 3가지를 연달아 언급하거나 반복해서 말하는 방법을 즐겨 쓴다. 링컨의 게티스버그 연설 중 많은 사람들의 뇌리에 남아 있고 여전히 회자되고 있는 문장을 보면 같은 단어 곧, '국민'을 강조하기 위해 '국민'이라는 단어를 세 번 연달아 강조하는 것을 볼 수 있다.

"국민의, 국민에 의한, 국민을 위한 정치."

줄리어스 시저 역시 3가지를 연달아 언급했다.

"왔노라, 보았노라, 정복했노라."

윈스턴 처칠도 "절대로, 절대로, 절대로 포기하지 마라!"라는 유명한 문장을 남겼는데, 이 역시 같은 단어를 세 번 반복해서 강한 인상을 심어주었다.

21세기 최고의 명연설가로 평가받고 있는 오바마 대통령 역시 3의 법칙이 주는 강렬함을 잘 활용했다. "Change, change, change." 대통령 선거전에서도 "Yes, we can."을 반복해서 외치며 사람들의 마음속에 변화에 대한 갈망을 불러일으키기도 했다.

같은 단어를 3번 반복하면 리듬감이 생기고 생동감도 느껴진다. 만약 Change를 네 번이나 다섯 번 이상 외쳤다면 어땠을까? change, change, change, change …. 사람들의 기억 속에 강렬하게 각인되지 못했을 뿐더러 오히려 그 단어가 무감각하게 느껴졌을 것이다. 오바마는 Change를 3번 외쳤고, 그 결과 유권자들에게 폭넓은 지지를 얻어 마침내 미국 최초의 흑인 대통령이 되었다.

3단 구성법을 활용한 스피치 구성하기

같은 내용을 이야기해도 논리적으로 일목요연하게 말하는 사람이 있다. 이들의 이야기를 듣다 보면 흡입력이 강해 내용에 쉽게 빠져들고 주제도 명확하게 들린다. 당연히 기억에도 오래 남는다.

그런데 이야기하는 사람이 횡설수설하면서 도대체 무슨 말을 하는지 알 수가 없을 때가 있다. 결코 좋은 스피치라 할 수 없다. 아무리 좋은 내용이라도 두서없이 장황하게 늘어놓는 이야기라면 듣는 사람들을 집중시킬 수 없고 흥미와 감동도 줄 수 없다.

이야기의 목표와 주제가 명확해지고 청중 분석까지 마쳤다면 내용을 논리적으로 구성할 차례다. 방법은 간단하다. 앞서 이야기한 것처럼 서론, 본론, 결론이라는 3단 구성, 곧 오프닝Opening, 스토리텔링storytelling, 클로징Closing 구성에 따라 내용을 배치하고 정리하면 논리적이고 체계적인 구조가 완성된다. 건물을 설계할 때 뼈대가 되는 구조가 튼튼해야 건물의 완성도가 높아지듯 탄탄한 짜임새를 갖춘 이야기를 위해서는 3단 구성법을 잘 익혀 활용해야 한다.

서론 – 오프닝

커뮤니케이션의 아버지라 부르는 데일 카네기는 노스웨스턴대학교 총장을 역임한 린 헤럴드 호 박사에게 연설가로서의 오랜 경험을 통해 얻은 것 중 가장 중요하게 생각하는 것이 무엇인지 물어보았다. 호 박사는 잠시 생각하더니 "매력적인 시작입니다. 사람들의 관심을 단번에 끌어내야 하니까요."라고 대답했다.

이야기의 시작을 알리는 오프닝은 듣는 사람들의 흥미와 관심을 불러일으켜 집중할 수 있도록 하는 아주 중요한 순간이다. 이야기를 시작하면서 흐트러진 주변을 환기시켜 사람들이 집중할 수 있도록 해야 한다. 듣는 사람들과 교감하고 교류하는 시간을 통해 당신에게 우호적인 분위기를 만드는 것 역시 오프닝에서 이뤄진다.

사람들이 흥미로워할 만한 이슈로 이야기를 시작하거나, 주제와 관련된 질문으로 가볍게 시작해보자. 또는 앞으로 어떤 이야기를 전개할지에 대해 간략하게 요약해준다면 사람들은 조금 더 수월하게 이야기를 받아들일 준비를 할 것이다. 생생한 일화를 도입하거나 관심을 끌 수 있는 목차 이용하기, 시사적인 뉴스, 충격적인 내용, 칭찬하기, 인용문 이용하기 따위는 오프닝 때 사람들을 단번에 집중시킬 수 있는 중요한 요소들이다.

본론 – 스토리텔링

오프닝에서 듣는 사람들의 기대와 흥미를 충분히 끌었다면 본론에서는 본격적으로 주제와 관련한 핵심 메시지들을 전달해야 한다. 이야기는 사람들에게 목적에 따라 정보를 전달하거나, 설득 또는 감동을 줘야 한다. 그런데 사람들은 자신만의 가치관과 라이프 스타일을 형성하고 있기 때문에 강요에 의한 설득은 효과를 발휘하기 어렵다.
"여러분 성공하고 싶으신가요? 그렇다면 이제부터 책을 많이 읽어야 합니다."라고 한다면 과연 몇 명이나 실천하겠는가? 이를 뒷받침해줄 근거를 흥미로운 방식으로 제시해주어야 설득력을 발휘할 수 있다. 재미있는 이야기나 숫자를 활용한 방법, 권위 있는 사람의 실화 등 설득력을 높일 수 있는 다양한 방법들이 있다. 이 책을 읽어나가면 자연스럽게 그런 방법들을 익힐 수 있을 것이다.

결론 - 클로징

클로징은 시작만큼이나 중요하다. 클로징이 좋으면 스피치 전반에 대한 이미지가 좋아진다. 그런데 많은 사람들이 본론까지는 잘 이야기하다가 결론에 도달해서는 끝났다는 안도감 때문인지, 또는 준비의 미흡함 때문인지 우물쭈물 대충 마무리하는 경우가 많다. 이런 모습은 사람들에게 결코 좋은 인상을 줄 수 없다.

결론에서는 자신의 이야기가 충분히 잘 전달되었는지 확인하는 시간이 되어야 한다. 본론의 내용을 간단하게 요약하고 주제를 다시 한 번 강조해 듣는 사람들의 뇌리에 명확하게 각인시키자. 여운을 남기는 이야기가 될 수 있도록 인상적인 말이나 인용문 또는 명언을 활용하는 것도 좋은 방법이다.

3단 구성법에 따른 스피치 구성

서론 Opening	• 공신력을 높이는 자기소개와 인사 • 관심을 유도할 오프닝 멘트 • 배경과 목적, 주제 소개 • 주제와 관련된 시사, 이슈 언급 • 흥미로운 질문하기
본론 Storytelling	• 주장을 뒷받침할 객관적인 사실 제시 • 문제 제기에 대한 근거 제시 • 이해를 돕기 위한 구체적인 사례 • 신뢰성 있는 데이터 제시 • 논리적인 설명
결론 Closing	• 본론의 핵심 내용 요약 정리 • 기대 효과와 향후 계획 • 청중들의 행동 촉구 • 여운을 남기고 감동을 주는 클로징 멘트

3단 구성법에 따라 다음에 제시된 주제를 구성해보자

주제 – 성공하는 사람들의 특징	
서론 Opening	
본론 Storytelling	
결론 Closing	

내가 말하기 전부터
사람들은 내 말을 듣고 있다

이야기는 무대 위에서 시작되는 것이 아니다. 발표 장소에 도착하는 순간부터 사람들은 연사의 모든 행동을 지켜본다. 그러므로 걸음걸이와 표정, 자세 등 행동 전반에 신경을 써야 한다. 휴대전화 사용은 피하고, 내용을 한 번이라도 더 점검해서 실수가 없도록 해야 한다.

이야기를 시작하기 전, 마주치는 사람들에게 밝은 표정으로 인사하자. 여러 번 강조했지만 이야기에서 가장 중요한 것은 소통이다. 편안하고 여유로운 표정으로 사람들과의 거리를 좁히고 좋은 인상을 남겨 이야기에 대한 기대감을 갖게 하는 것이 중요하다.

외적인 이미지는 이야기에 큰 영향을 미친다. 무엇보다 단정한 옷차림과 밝은 얼굴은 첫인상에 크게 영향을 미친다. 첫인상은 이야기 전반에 영향을 주기 때문에 반드시 신경 써야 한다. 사람들은 첫인상을 잘 바꾸지 않으려는 경향이 있다. 그러므로 청중과의 첫 대면에서 좋은 이미지를 전달하는 것은 이야기를 하는 사람으로서 무척 중요하다.

덥수룩한 수염의 닉슨 VS 깔끔한 헤어 스타일의 케네디

1960년 9월 26일 미국 민주당 대통령 후보인 존 F. 케네디 상원의원과 공화당 후보 리처드 닉슨 부통령은 미국 역사상 처음으로 텔레비전 토론을 벌였다. 이날 토론은 미국 전체 인구의 3분의 1 가량이 시청함으로써 현대 정치사의 최대 이벤트로 기록되기도 했다.

여기서 눈여겨볼 점은, 케네디는 텔레비전 토론을 하기 전까지만 해도 지지도가 닉슨에게 많이 뒤처진 상황이었다. 하지만 텔레비전 토론은 순식간에 두 사람의 운명을 바꿔 놓았다. 흐릿한 회색 옷을 입은 닉슨은 덥수룩한 수염을 그대로 하고 나왔으며, 감기로 연신 땀을 흘리며 허약하고 지쳐 보이는 모습을 보여주었다. 반면 짙은 색 정장을 입은 케네디는 햇볕에 그을린 구릿빛 피부로 건장

함을 과시했고, 단정하고 깔끔한 헤어스타일과 단정한 얼굴로 자신감이 돋보이게 했다.

토론 전 닉슨은 메이크업을 거부했지만 케네디는 스튜디오 분위기에 어울리는 메이크업도 받았다. 게다가 앉아 있는 동안 맨살이 보이지 않도록 긴 양말을 신는 등 외적인 요소를 치밀하게 준비했다.

단정한 의상과 반듯한 얼굴은 이미지를 결정하는 중요한 단서가 된다. 깔끔하고 단정한 모습을 보여주면 사람들은 말하는 사람이 준비를 잘한 것으로 평가해 긍정적인 이미지를 갖는다. 그러므로 자신의 매력과 장점을 잘 드러낼 수 있도록 의상과 머리, 메이크업에 신경 쓰고 호감도를 높일 수 있도록 준비하자.

Part 3의 이미지 트레이닝에서 자세히 말하겠지만, 일반적으로 남성의 경우 어두운 색 정장에 흰색 와이셔츠, 신뢰감을 높이는 청색 계열의 넥타이를 매는 것이 좋다. 여성의 경우에는 선택의 폭이 비교적 넓다. 치마나 바지 정장을 입을 수도 있고, 자신의 특성을 살려 옷감이나 색상, 디자인에 변화를 주어 개성을 드러낼 수도 있다.

세계에서 가장 주목받는 여성 가운데 한 명인 마리사 메이어 전 야후 CEO는 선명한 컬러와 화려한 패턴의 옷을 자주 입는 것으로 유명하다. 주제에 어울리면서도 자신에게 잘 맞는 옷은 자신감 있게 보이는 효과가 분명히 있다.

옷과 더불어 적절한 화장과 단정한 헤어스타일도 중요하다. 아나운서가 뉴스를 진행할 때 화장을 하는 이유는 더 신뢰감 있고 깔끔한 인상을 주기 위해서다. 화장을 한 여성이 더 매력적이라는 연구 결과도 있듯이, 너무 짙은 화장은 부담을 느끼게 하지만 자신의 단점은 커버하면서 장점을 살릴 수 있는 적절한 화장은 세련되고 준비를 잘했다는 느낌을 준다.

무엇보다 헤어스타일은 한 사람의 이미지를 형성하는 데 아주 중요한 요소다. 뭔가를 말하기 위해 무대에 오른 사람이 헝클어진 머리를 하고 있다면 좋은 인상을 주기 어렵다. 자신에게 어울리는 헤어스타일을 잘 모른다면 전문가의 도움을 받는 것도 좋은 방법이다.

최상의 컨디션 만들기

이야기를 하는 사람은 좋은 컨디션으로 사람들 앞에 서야 한다. 사람들은 귀한 시간을 내서 이야기를 듣기 위해 자리에 앉아 있다. 그들의 시간을 낭비할 것인지 효율적인 시간으로 만들 것인지는 말하는 사람의 몫이다.

몸 상태를 최상으로 만들어 당일 좋은 모습으로 사람들과 만나야 한다. 그래야 말하는 사람도 듣는 사람도 기분이 좋다. 컨디션이 좋지 않으면 이야기에도 그 느낌이 그대로 묻어난다. 결코 성공적일 수 없다.

나는 목을 쓰는 직업을 갖고 있다 보니 감기에 걸리지 않으려고 필사적으로 노력한다. 감기에 걸리면 우선 목소리가 나오지 않아 힘들고, 나쁜 컨디션을 사람들에게 보여줄 수밖에 없기 때문이다. 면역력을 높여 좋은 컨디션을 유지하기 위해 운동도 꾸준히 하고 목이 안 좋은 신호를 보내면 더운 날에도 스카프를 두르고 자기도 한다.

그냥 얻어지는 것은 아무것도 없다. 강연이나 중요한 발표를 앞두고 자기 관리를 하지 못한 무책임한 모습으로 사람들 앞에 나타나지 않도록 컨디션 관리를 잘해야 한다. 전날에는 과음과 과식을 피하고, 편안한 상태에서 숙면을 취할 수 있도록 하는 것도 중요하다. 당연한 이야기 같지만 뜻밖에도 많은 사람들이 자신을 과신하고 이를 지키지 않는 경우가 많다.

당일에는 카페인이 많이 들어간 음료는 피하고 미지근한 물을 마셔 입 안과 성대를 촉촉하게 만들어주자. 긴장을 해소하는 데 어느 정도 도움이 된다.

음식을 너무 배부르게 먹는 것도 삼가야 한다. 소화가 잘 되는 음식으로 가볍게 배를 채워두는 것이 좋다.

그리고 교통 상황을 미리 고려해 조금 이르다 싶을 정도로 장소에 도착하자. 허둥지둥하는 모습으로 등장하는 것은 커다란 결례이므로 절대 늦는 일은 없어야 한다. 시작 시간보다 일찍 도착해 분위기를 살피고 주변을 점검할 수 있도록 하자.

안정적인 심리 상태 만들기

베테랑이라도 무대에 서면 떨리기 마련이다. 무대를 온전히 장악하기 위해서는 긴장되고 떨리는 마음을 스스로 컨트롤할 수 있어야 한다.

전날에는 잠을 푹 자고, 당일 아침에는 간단한 스트레칭을 한 뒤 큰 소리로 발성 연습을 해서 목을 풀어주고 입 주변 근육도 충분히 풀어주자. 그리고 거울을 보면서 스스로에게 용기를 북돋워주자. 나는 나의 가장 좋은 친구이자 동반자다. 나 자신을 사랑하는 마음으로 힘을 낼 수 있도록 응원해주자.

자신의 차례가 되어 무대에 오른 뒤에는 바로 시작하지 말고 사람들을 한 번 바라본 뒤 밝은 미소를 지으며 시작하자. 이렇게 여유를 갖게 되면 호흡을 가다듬을 수도 있고, 사람들이 자신에게 더 집중하게 하는 효과도 있다.

청중은 말하는 사람이 이야기를 성공적으로 하기 바란다. 하지만 잘하기를 바라는 것이지 완벽하기를 바라는 것은 아니다. 작은 실수를 했다고 해서 너무 마음에 담아 두지 말자. 작은 말실수를 했을 경우에는 정정하고 바로 다음 내용으로 자연스럽게 넘어가자. 사람들은 작은 실수를 잘 기억하지 못할 뿐더러 너그럽게 이해하고 넘어가 주기 때문이다.

사람들이 속으로 당신을 응원하고 있음도 잊지 말자. 나와 같은 편이고 나를 지지해주는 사람들이라고 생각하면 훨씬 편안하고 안정감 있는 마음으로 자신 있게 말할 수 있을 것이다.

스피치 자기 점검 분석표

	점검 내용
목소리	• 복식호흡으로 안정적인 목소리를 내고 있는가 .... • 목소리 톤이 높거나 낮지 않는가 .... • 말의 속도가 빠르거나 느리지 않는가 .... • 또렷하고 명료하게 발음하고 있는가 .... • 목소리 크기는 적당한가 .... • 자연스럽게 말하고 있는가 .... • 중요한 부분을 잘 강조하고 있는가 .... • 적당한 포즈Pause를 두면서 말하고 있는가 ....
내용	• 3단 구성에 맞는가 .... • 내용이 논리적인가 .... • 오프닝으로 듣는 이들의 주목을 끌었는가 .... • 설득력 있는 내용인가 .... • 구체적인 증거를 제시하고 있는가 .... • 듣는 이들에게 감동을 주었는가 .... • 간결하게 말하고 있는가 .... • 여운을 남기며 마무리했는가 ....

	점검 내용
외형	• 상황에 맞는 옷을 입었는가 .... • 장신구는 적절한가 .... • 화장은 자연스럽게 되었는가 .... • 헤어스타일은 단정하게 정리되었는가 .... • 구두는 깨끗하게 준비되었는가 ....
몸짓	• 자세가 안정적인가 .... • 몸을 흔들지는 않는가 .... • 뒷짐을 지거나 깍지를 끼고 있지는 않는가 .... • 표정을 다양하게 짓고 있는가 .... • 사람들과 눈 맞춤을 자연스럽게 하고 있는가 .... • 제스처를 적절히 사용하고 있는가 ....

이야기의 시작은
최신 이슈로

베스트셀러 목록을 살펴보면 독특한 제목의 책들이 많다. 책 제목은 독자와의 첫 만남이기도 한데, 궁금증과 흥미를 불러일으켜 독자로 하여금 책을 고르게 했다면 우선 그 책은 첫 대면에서 성공한 것이다.

영화 「인터스텔라」의 시작은 주인공이 3차원인지 4차원이지 알 수 없는 공간에서 자신의 딸에게 가지 말라고 마구 소리치지만 딸은 어떤 소리도 듣지 못한 채 방을 나간다. 주인공이 있던 공간은 그 방의 책장 뒤쪽이었다. 관객들은 '대체 저 사람이 왜 저기 있는 거지? 저곳은 무슨 공간인 거야?'라며 궁금해한다. 관객들의 관심과 흥미를 돋우는 데 성공한 것이다.

이야기 역시 마찬가지다. 성공적인 이야기가 되기 위해서는 사람들의 관심을 끌게 하는 시작, 곧 오프닝이 무척 중요하다. 오프닝은 전체 분량의 10~20% 정도 밖에 차지하지 않지만 중요성은 90% 이상이다. 시작에서 사람들의 관심을 끌지 못하면 본론에서도 흥미를 불러일으키기 쉽지 않다.

사람들은 처음 몇 초 안에 그날의 이야기를 흥미롭게 들을지 말지 결정한다. 연설가 엘머 휠러는 "처음 10초 안에 사람들을 사로잡아라. 이때를 놓치면 10분을 투자해도 만회하기 어렵다."고 했다.

오프닝은 사람들과의 첫 만남이자 이야기에 대한 기대치가 형성되는 순간이다. 초반에 사람들의 흥미를 이끌어내 긍정적인 이미지와 기대감을 높여 마지막까지 집중할 수 있도록 해야 한다.

하지만 초반에 사람들의 관심을 끌어내기란 생각보다 쉽지 않다. 사람들이 많이 모여 있는 커다란 공간을 상상해보자. 자리를 잡기 위해 여기저기 돌아다니는 사람들을 비롯해 휴대폰을 보면서 무언가에 집중하고 있는 사람들, 여기에다 온갖 소음들로 가득한 현장은 정신이 없다. 작은 규모의 강연장이라면 너무 조용해서 적막이 흐르는 경우도 있어 모두 얼음이 된 것이 아닌가 하는 생각이 들기도 한다.

이런 다양한 상황을 오프닝으로 휘어잡아야 한다. 그래서 사람들의 눈을 확 뜨게 하고 귀와 마음을 사로잡는 시작 멘트는 아주 중요하다.

21년 동안 한국사를 강의해 온 한국사 전문가 설민석입니다

이야기를 듣는 사람들의 목적은 제각각이지만 과연 어떤 이야기를 할까, 하며 어느 정도 기대 심리를 갖는 것은 대체적으로 공통적이다.

이야기를 하는 사람이 아마추어이든 전문가이든 듣는 사람들은 크게 상관하지 않는다. 이야기를 통해 자신의 목적을 달성하면 되기 때문이다. 그러므로 서두에서 "제가 준비를 많이 못해서요…"라는 식의 부정적인 말로 시작한다면 사람들은 금방 기대감이 사그라든다. '준비를 많이 못했다고? 그럼 별로 들을 것도 없겠군.' 하고 관심이 떨어진 상태에서 이야기를 듣게 되는 것이다.

긍정적인 모습, 자신감 있는 태도, 개방적인 자세, 겸손함 모습은 사람들로 하여금 호감을 갖게 하는 중요한 요소다. 따라서 공신력 있는 자기소개로 전문가라는 이미지를 심어주는 것이 중요하다. 한국사 전문가 설민석 씨는 늘 자신을 이렇게 소개한다.

"역사를 사랑하는 대한민국 국민 여러분, 21년 동안 이 땅에서 한국사
강의를 해 온 한국사 전문가 설민석입니다."

21년 동안 한국사 강의를 해왔다는 사실을 밝힘으로써 그가 전
문성을 가진 사람임을 사람들에게 알리는 것이다. 꼭 한 분야에서
수십 년 동안 매달려온 전문가가 아니더라도 열심히 준비하고 주제
를 잘 분석했다면 이미 그 주제에 한해서는 전문가나 마찬가지다.
사람들은 실제로 그렇게 생각한다.

"이 자리에 서니 조금 떨리네요."하는 정도의 솔직한 표현은 어
느 정도 인간적인 모습을 보여줄 수 있어 듣는 사람들과 교감하는
데 도움이 된다. 그러므로 부정적인 말은 피하고 되도록 긍정적이
고 자신감 있는 모습으로 시작해보자. 당신의 호감도 상승은 이야
기를 성공적으로 이끄는 키포인트가 될 것이다.

사람들의 집중력은 오래가지 않는다. 집중하는 듯하다가도 금방
어수선해지는데 이때 효과적인 방법은 질문을 던지는 것이다. 질
문으로 이야기를 시작하면 사람들은 자신에게 질문을 할까 봐 긴장

하는 동시에 말하는 사람에게 집중하게 된다.

학창 시절 생각지도 못한 순간 갑자기 교사에게 질문을 받아 정신이 번뜩했던 경험을 떠올려보자. 질문을 던지면 흐트러져 있던 분위기가 일순간 정리되면서 시선을 한 곳으로 유도할 수 있다.

질문은 사람들에게 말을 거는 것과 같다

독서 관련 이야기라면 두 가지 질문이 가능하다. "여러분은 한 달에 책을 몇 권 읽으시나요?"처럼 듣는 사람들이 간단하게 답할 수 있는 단답형 질문이 있고, "여러분, 책은 왜 읽어야 한다고 생각하십니까?"처럼 듣는 사람들이 스스로 이야기의 주제에 대해 먼저 생각해볼 수 있는 시간을 갖게 하는 질문이 있다.

두 번째 질문의 경우, 질문에 대한 자신의 생각과 질문에 답하는 다른 사람들의 이야기를 비교해가며 들을 수 있기 때문에 사람들은 더욱 흥미를 갖고 이야기를 듣게 된다.

질문은 사람들 모두에게 던지듯이 물어볼 수도 있고, 특정인을 정해 물어볼 수도 있다. 이때 답변이 나올 수도 있고 그렇지 않을 수도 있다. 사람들의 성향에 따라 다양한 상황이 벌어지게 마련인데, 이야기를 하는 사람은 당황하지 말고 자신이 준비한 내용을 계속 이어 나가면 된다. 사람들이 이미 속으로 대답을 했다고 생각하며 마인드 컨트롤을 하는 것이다.

질문을 한다는 것은 사람들에게 말을 거는 것과 같다. 함께 호흡하고 교감하고 있다는 느낌을 주는 동시에 약간의 긴장감을 유도하는 방법이다. 사람들의 관심을 단숨에 모을 수 있는 질문하기를 오프닝에서 적극 활용해보자.

관심을 가질 만한 최신 이슈로 시작하자

회사 생활을 하다 보면 상사와의 식사 자리를 피할 수 없을 때가 있다. 그런데 한 사무실에서 늘 같이 일하는 사이지만 그 시간이 어색할 때가 많다. 그러다보면 '어색한 시간을 어떻게 보내야 할까?', '누가 먼저 이야기를 꺼낼까?', '무슨 이야기를 하면 좋지?' 하는 생각이 들면서 밥을 먹으러 가는 순간부터 고민이 시작된다. 메뉴를 고르는 것은 그나마 행복한 시간이다.

MBC 라디오 뉴스팀도 종종 윗사람들과 점심 식사를 함께 했다. 여행을 굉장히 좋아하는 한 부장님이 있었는데, 최근에 다녀온 여행 이야기로 식사가 시작되는 날은 무척이나 즐겁고 수월하게 지나갔다. 20대 초중반의 AD부터 다른 부장님들, PD, 아나운서들 모두 그 부장님의 이야기에 집중했다. 여행은 다양한 연령대를 아우를 수 있는 소재이면서 많은 사람들이 관심을 갖는 분야이기 때문이다.

사람들의 관심을 끌고 싶다면 그들이 흥미를 느낄 수 있는 이야기를 해야 한다. 그렇게 하기 위해서는 사회적 이슈나 최근 트렌드를 파악하고 있어야 한다. 신문의 헤드라인이나 뉴스를 자주 체크하고, 서점의 베스트셀러나 새로 나온 책들을 살펴보는 것이 도움이 된다. 다 읽어보지는 못하더라도 제목과 차례 정도만 훑어보아도 전반적인 흐름을 알 수 있다.

요즘 많은 사람들이 관심을 갖는 분야가 여행, 음식, 건강이다. 맛집 프로그램은 여전히 인기가 높고, 군침을 돌게 하는 음식 사진이나 유명 식당에서 요리 사진을 멋지게 찍어 올리면 많은 사람들이 관심을 보인다.

여행이나 음식과 더불어 건강을 위해 깨끗한 음식을 직접 요리해 먹는 일에도 관심이 높아지고 있다. 이러한 흐름에 편승해 '윤식당'이라는 프로그램은 인기리에 시즌 2까지 방영되었다. 많은 사람들이 가고 싶어 하는 해외 여행지 중 하나인 발리와 스페인에 식당을 차려 직접 요리를 해서 음식점을 운영한 프로그램으로, 요즘 사람들의 관심사를 두루 잘 섞어 놓은 프로그램이었다고 할 수 있다.

화제가 되는 책이나 영화, 텔레비전 프로그램 또는 시사적인 내용을 담은 이슈들을 선별해 오프닝 때 활용해보자. 사람들이 당신의 이야기에 귀를 쫑긋 세우며 금세 집중할 것이다.

칭찬받을 때 사람들은
귀를 쫑긋한다

　　　　　나는 강의나 강연을 하기 위해 연단에 자주 선다. 그때마다 사람들이 '오늘은 저 사람이 무슨 말을 하려는 걸까' 하는 마음으로 나를 바라보는 것이 느껴진다.

　강연장을 메운 사람들은 팔짱을 낀 채 앉아 있기도 하고 의자에 몸을 깊숙이 파묻고 있거나, 내가 아니라 엉뚱한 쪽을 계속 보고 있기도 한다. 그러다가 내 이야기에는 전혀 관심이 없다는 듯 무표정하게 앉아 있는 사람과 눈이 마주치기도 한다.

　물론 웃으면서 호의적으로 맞이해주는 사람들도 있지만 그렇지 않은 사람들을 만날 때면 시작부터 맥이 빠지는 것이 사실이다. 하지만 사람들의 관심을 끌어낼 수 있도록 노력해야 하는 사람은 그 누구도 아닌 나 자신의 몫이다. 인상적인 오프닝을 위해서는 사람들의 관심과 호의를 불러일으켜야 하는데, 이때 효과적인 방법이 칭찬과 감사 인사다.

세계적인 CEO인 제너럴 일렉트릭의 잭 웰치는 어린 시절 심하게 말을 더듬었다. 어느 날 속이 상한 그가 어머니에게 친구들이 말을 더듬는 자신을 놀린다고 하자 어머니는 이렇게 말했다고 한다.

"네가 말을 더듬는 이유는 머리가 너무 좋아 입이 못 따라 가기 때문이야."

말을 심하게 더듬던 어린 아이가 수많은 직원들을 이끄는 세계적인 경영자가 될 것이라고 누가 상상이나 했겠는가? 이처럼 칭찬은 인간의 무한한 잠재력을 일깨워주고 평범한 사람을 특별한 사람으로 만들어주는 강한 힘을 지니고 있다.

양은우 작가가 쓴 『워킹 브레인』이란 책에 따르면 칭찬을 하면 뇌파와 호르몬에도 변화가 생기는데, 칭찬은 알파파를 높여 직관적 사고력을 향상시켜 주고, 아드레날린과 스트레스 호르몬인 코르티솔 분비를 줄여 스트레스 수준을 낮춰준다고 한다.

뿐만 아니라 칭찬을 받은 사람은 일반 사람들에 비해 뇌의 혈류량이 늘어나는 모습도 볼 수 있다고 하는데, 이것은 두뇌가 활발하게 움직이게 하는 데에도 도움을 준다. 이처럼 뇌 과학 측면에서도 칭찬은 사람을 긍정적으로 만들어주는 효과가 있다.

"여러분, 이렇게 제 이야기를 들으러 와주셔서 대단히 감사합니다. 이곳에 오신 분들은 이 주제에 대해 관심이 많고 책임감 또한 있다는 의미일 것입니다. 지금도 다들 훌륭하신 분들인 걸 익히 알고 있지만 이자리가 더 큰 자기 발전을 위한 기회가 되리라 생각합니다."

칭찬으로 시작하는 오프닝은 사람들의 기분도 상승시키고 집중도도 한층 끌어올린다. 사람들에게 감사 인사를 전하는 일은 단순히 입에 바른 칭찬이 아니다. 듣는 사람과 말하는 사람 사이의 벽을 허물고, 듣는 사람들을 관찰자의 입장이 아니라 이야기를 함께 만들어 나가는 참여자의 입장으로 끌어들이는 행위임을 기억하자.

온몸으로 전달되는
나의 메시지

　　　　단순히 말의 힘만으로는 메시지가 완벽하게 전달되지 않는다. 핵심 내용과 더불어 눈빛과 표정, 자세, 제스처 같은 몸동작이 함께할 때 더욱 설득력 있는 이야기가 된다.

　연설을 통해 늘 긍정적이고 희망의 메시지를 주는 오바마 대통령은 연단을 오를 때부터 사람들에게 힘찬 에너지를 전달한다. 그의 동작을 자세히 살펴보면, 셔츠를 걷어 올리면서 살짝 뛰는 듯한 느낌으로 무대에 올라가는데, 박력 넘치는 제스처를 보여줌으로써 이야기를 하기도 전에 생동감 넘치는 에너지를 전달한다.

　이러한 제스처는 '와~ 준비한 것이 많은가 봐' 또는 '무얼 이야기 하려는지 벌써 궁금한걸' 하는 반응을 이끌어내 사람들로 하여금 기대감을 갖게 한다. 이처럼 사람들은 말하는 사람의 눈빛이나 표정, 몸짓을 통해 교감하고 함께 호흡한다.

이야기는 무대를 향해 걸어 나갈 때부터 시작된다. 사람들은 연사의 걸음걸이가 너무 빠르거나 느리지는 않는지, 손은 어떤 자세를 취하고 있는지, 옷차림과 헤어스타일은 단정한지, 열린 자세인지, 표정이 밝은지 따위를 세세하게 살펴본다. 그동안 사람들 앞에 서기만 하면 떨리고 긴장된 나머지 준비한 내용만 이야기하기 바쁘지 않았는지 생각해보자.

표정 언어는 내용만큼이나 중요하다. 사람들은 말하는 사람의 표정 하나하나를 세심한 눈으로 바라본다. 이때 표정은 첫인상을 결정하는 아주 중요한 역할을 한다. 어둡고 무뚝뚝한 표정을 짓고 있는 사람이 이야기를 하기 위해 앞으로 나온다고 생각해보자. 부정적인 기운이 느껴져 거리감을 느끼게 된다.

설득이란 사람의 마음을 움직이게 하는 것이다. 마음의 문이 열리면 설득은 훨씬 수월해진다. 가벼운 미소를 띤 밝은 표정으로 사람들에게 긍정적인 인상을 심어주자. 평소 미소 짓는 것이 어색한 사람이 강연을 하는 자리라고 해서 갑작스레 따뜻한 미소를 보여주기란 쉽지 않다. 날마다 거울을 보고 입꼬리를 한껏 위로 올리며 웃는 연습을 해야만 언제 어디서나 웃는 얼굴을 할 수 있다.

밝은 미소로 이야기의 시작을 알렸다면 본론에서는 주제와 내용에 맞는 적절한 표정을 짓는 것이 중요하다. 이야기를 하는 동안 표정에 아무런 변화 없이 내용만 전달한다면 사람들은 어떠한 감흥도 느끼지 못한다.

기본적으로는 밝은 표정을 유지하면서도 기쁘거나 즐거운 내용일 때는 신나 하면서 더 생동감 있는 표정으로 말하자. 슬프거나 우울한 이야기를 할 때는 슬픈 표정을 지으면서 말하자. 사람의 얼굴은 80여 개의 근육이 미세하게 움직이면서 표정을 만든다. 뮤지컬과 오페라, 연극배우들의 표정을 보면 얼마나 다양한 표정으로 감정을 전달할 수 있는지 잘 알 수 있다.

평소 이야기하는 모습을 촬영해 자신의 표정을 확인해보는 것도 좋다. 다양한 표정을 지으며 이야기하는지, 시종일관 같은 표정으로 지루하게 이야기하는지 점검해볼 수 있다.

눈길을 주지 않으면 눈길을 받지 못한다

눈을 맞추는 것은 상대방과 소통하기 위한 가장 기본적이면서도 강력한 행동이다. 말을 할 때는 사람들의 눈을 바라봄으로써 그들에게 이야기하고 있다는 느낌을 주고, 동시에 정서적으로 교감할 수 있도록 해야 한다.

긴장된 상황에서 수많은 사람들의 눈동자가 자신을 향해 있을 때의 부담감을 경험해본 사람들은 잘 알 것이다. 이러한 부담감 때문에 허공을 바라보거나 바닥이나 벽을 보면서 말하는 사람들이 있다. 이것은 사람들을 존중하지 않는 태도나 마찬가지다. 말하는 사람이 눈길도 주지 않은 채 자기 이야기만 계속 한다면 사람들은 무시당하는 듯한 생각에 불쾌감을 느낀다. 그러므로 반드시 고쳐야 한다.

물론 낯선 사람들과 눈을 맞춘다는 것은 쉬운 일은 아니다. 하지만 피한다고 해결되는 문제도 아니다. 처음부터 시선을 맞추는 것은 어렵겠지만 다음과 같은 단계를 적용해 차근차근 시도해본다면 그렇게 어렵지도 않다.

우선 호의적으로 반응하는 사람들 위주로 눈을 맞춰보자. 미소를 지어 보이거나 고개를 끄덕여주는 사람을 보면서 마음의 안정을 찾고 자신감을 얻자. 그런 뒤 점점 여러 사람과 눈을 맞추는 식으로 늘려가자.

처음에는 왼쪽에서 오른쪽으로 크게 범위를 잡아 시선을 주고, 조금 여유가 생기면 공간을 3등분으로 나누어 왼쪽, 가운데, 오른쪽을 번갈아가며 시선을 주자. 6등분으로 나누면 더 골고루 시선을 줄 수 있다. 눈이 마주쳤다면 3~6초 정도 시선이 머무르도록 하자.

너무 빨리 시선을 옮기면 불안하거나 급해 보일 수 있다. 반대로 한 사람에게 너무 오래 시선을 주면 부담감을 느껴 불편해할 수 있다.

말하는 사람이 시선을 주지 않으면 듣는 사람들도 말하는 사람을 쳐다보지 않는다. 말하는 사람과 교감하지 못한다는 생각에 관심을 갖지 않게 되는 것이다. 진심이 담긴 눈빛으로 사람들을 바라보며 말하면 믿음과 확신을 줄 수 있다. 더불어 자신감 있는 사람으로도 비쳐질 것이다.

적절한 손동작은 말의 내용을 더욱 빛나게 해준다

사람들 앞에 나설 때는 큰 걸음으로 자신감 있고 여유로운 모습으로 나가자. 부끄러운 듯 어깨를 움츠린 채 고개를 숙이고 나가는 사람들이 있는데 자신감도 없어 보이고 사람들의 기대감도 떨어트리게 되므로 조심해야 한다. 어깨를 쫙 펴고 자신감 있게 앞으로 나가는 것만으로도 사람들에게 긍정적인 인상을 줄 수 있다.

이야기할 때의 기본 자세는 두 발은 어깨 너비로 벌리고 턱은 살짝 당긴 채 가슴을 펴고 서는 것이다. 이때 어깨가 위로 올라가지 않도록 힘을 빼고 아랫배에 약간 힘을 주어 발성할 때 안정적인 자세가 될 수 있도록 하자. 말하는 동안 발가락 쪽에 무게중심을 실어준다고 생각하면 긴장감을 완화하는 데 도움이 된다.

말하는 내내 두 발을 붙인 상태로 서 있으면 피로감이 쌓일 뿐 아니라 정체되어 있는 자세 때문에 사람들도 불편함을 느낀다. 또 턱을 너무 치켜드는 자세는 거만하게 보일 수 있으므로 조심하자.

팔꿈치를 연단에 대고 엉덩이를 뒤로 뺀 채 몸을 숙이고 이야기 하는 사람들이 가끔 있다. 절대 피해야 할 자세다. 의욕이 없어 보일뿐더러 사람들에 대한 예의가 아니다. 말하는 내내 두 손으로 연단을 붙잡고 있는 것도 좋지 않다. 말하는 사람의 불안함이 그대로 드러나기 때문이다. 내용에 맞는 제스처를 취하기 위해서라도 의식적으로 손에 힘을 풀어주는 것이 좋다.

말하는 공간을 자유자재로 활용하면 좋겠지만 초반에는 긴장감 때문에 쉽지 않다. 다만 몇 걸음이라도 옮기는 것부터 시작해보자. 일단 한 걸음을 떼면 긴장감이 완화되는 것을 느낄 수 있다. 사람들은 그런 모습에서 자연스러움과 자신감을 보게 된다. 자세에 변화를 주면 주의를 환기시키는 효과도 있으므로 사람들의 집중도도 높일 수 있다.

적절한 손동작은 말의 내용을 더욱 빛나게 해준다. 그런데 많은 사람들이 이야기를 하는 동안 손을 어떻게 처리해야 할지 몰라 어려워한다. 팔짱을 끼거나 뒷짐을 지는 자세, 주머니 안에 있는 물건을 만지작거리거나 코나 입 주위 또는 반지나 시계를 만지는 동작은 긴장해 있다는 사실을 보여주고 산만해 보이므로 피해야 한다.

가장 좋은 제스처는 평소 주변 사람들에게 말하듯이 손을 움직이는 것이다. 명연설가들은 강조하고 싶은 내용에서 확실하게 제스처를 취한다. 손을 들어 올려 내용을 표현하거나 두 팔을 벌려 상황을 극대화시키기도 한다. 내용과 상황에 맞는 적절한 제스처는 메시지의 전달력을 높이고 듣는 사람들의 몰입도도 높일 수 있다.

초보자들이 많이 실수하는 것이 어색한 제스처를 취하는 것이다. 내용에 적합하지 않거나 타이밍이 적절하지 못한 경우가 대부분인데, 제스처가 익숙하지 않기 때문에 벌어지는 일이다. 이것은 연습을 통해 해결할 수 있다.

한편 너무 지나친 제스처나 똑같은 제스처를 되풀이하면 사람들의 주의를 산만하게 해서 역효과를 낼 수 있다. 사람들이 많을 때는 제스처를 크게 해주고 적을 때는 작게 하는 것도 좋다. 다만 청중의 규모를 떠나 제스처를 할 때는 적극적으로 또 확실하게 취해 주어야 효과가 있다.

내용과 상황에 잘 맞는 제스처는 말하는 사람을 적극적으로 보이게 함으로써 이야기에 활력을 불어넣어 주고 사람들의 관심을 높여주는 좋은 장치가 된다.

말에도
리허설이 필요하다

조지 6세(1895~1952년) 영국 국왕은 사람들 앞에만 서면 말을 심하게 더듬는 증상이 있었다. 국정을 잘 운영하기 위해서는 이 문제를 꼭 해결해야 했다. 쉽지 않은 과정이었지만 언어치료사의 지도와 꾸준한 연습을 통해 마침내 말더듬증을 극복했다. 그리고 2차 세계대전을 일으킨 독일을 상대로 선전포고를 하는 방송 연설로 온 국민의 마음에 희망과 감동을 안겨주었다. 영화 「킹스 스피치」의 내용이다.

강연을 마치고 나올 때 가장 많이 받는 질문이 '말을 잘하는 비결이 무엇인가?' 라는 것이다. 나는 주저 없이 '연습' 이라고 대답한다. 자전거를 처음 탈 때 중심을 제대로 잡지 못해 이리저리 흔들리고 넘어지지만 요령을 익히고 집중해서 연습하다 보면 어느새 능숙하게 페달을 밟으며 자연스럽게 탈 수 있다. 말하는 것도 마찬가지다.

말하기 실력은 짧은 시간에 급속도로 향상되지는 않는다. 하지만 듣는 사람 중심의 사고를 바탕으로 충분한 연습과 경험을 쌓는다면 누구나 잘할 수 있다.

그의 웅변을 들으면 모두 혼을 빼앗겼다던 그리스 최고의 웅변가 데모스테네스Demosthenes는 선천적으로 말을 잘하는 사람이 아니었다. 말을 하기 시작할 때부터 지독하게 더듬었고, 호흡기가 약해 몇 마디만 해도 숨이 차곤 했다. 이러한 악조건을 극복하기 위해 피나는 연습을 했다. 부정확한 발음과 더듬거리는 습관을 고치기 위해 입속에 자갈을 넣고 발음 연습을 했다. 불안정한 호흡을 개선하기 위해 가파른 언덕을 쉴 새 없이 뛰었다. 말할 때 어깨를 치켜올리는 버릇을 고치기 위해 천장에 예리한 칼날을 매단 채 연습을 한 이야기는 유명하다.

20세기 최고의 웅변가로 꼽히는 윈스턴 처칠 역시 심한 말더듬이였다. 하지만 지속적인 훈련으로 이를 극복했고, 연설을 통해 사람들에게 희망과 감동을 안겨주었다. 이처럼 많은 사람들로부터 인정받는 유명인의 명연설 비결은 오랜 훈련에서 비롯된 것이다.

말하는 것을 어려워하고 힘들어하는 사람들의 가장 치명적인 잘

못은 리허설의 중요성을 소홀히 한다는 것이다. 내용 구성에는 비교적 많은 시간과 공을 들이면서도 실제 강의나 발표를 할 때는 원래 자신의 모습대로 하는 경우가 많다. 준비한 내용을 성공적으로 전달하고 싶다면 반드시 충분한 연습과 리허설 과정을 거쳐 문제점을 발견하고 고쳐야 한다.

연습을 하면 할수록 말하고자 하는 내용을 더 명확하게 알게 된다. 부족한 부분도 보완하게 되어 내용은 물론이고 전달하는 상황 자체를 완벽하게 나의 것으로 만들 수 있다. 현장에서는 예측할 수 없는 변수들이 생기기 마련이지만 연습과 리허설을 충분히 한 사람이라면 돌발 상황에서도 당황하지 않고 자연스럽게 대처할 수 있다.

단순히 원고를 외우는 수준을 넘어 온전히 나의 말로 만들자. 사람들 앞에서 자신감 있는 모습으로 당당하게 서고 싶다면 반복적인 연습과 리허설의 중요성을 다시 한 번 상기하자.

한 명이라도 사람을 앞에 두고 하라

아무리 훌륭한 원고를 완성했다고 해도 머리와 눈으로만 하는 준비는 실전에서 아무 소용이 없다. 문장을 외워 말하는 것이 아니라 사람들에게 말을 건네듯이 자연스럽고 친근하게 이야기하는 것이 중요하다. 실전처럼 리허설을 하다 보면 평소의 말투와 톤, 목소리 크기, 속도를 점검해볼 수 있고, 부자연스러운 연결이나 조사도 발견하게 된다.

적은 사람이라도 듣는 사람이 있을 때의 느낌과 혼자 리허설을 할 때는 다르다. 가족이나 친구, 동료들을 청중이라 생각하고 실전처럼 연습한 뒤 객관적인 피드백을 받아보자. 현장에서 느끼는 긴장감을 어느 정도 미리 경험해볼 수 있어 큰 도움이 된다.

사람들은 말하는 사람이 프로인지 아마추어인지 단번에 구분해 낸다. 이야기를 성공적으로 하기 위해서는 사람들과 호흡하고 교감하면서 친근감을 주는 말투를 구사해 거리감을 좁히는 것이 중요하다. 리허설은 이런 감각들을 몸에 익히게 한다.

실전 의상을 입고 하라

이야기를 하기 전, 사람들에게 가장 먼저 보여지는 이미지는 옷차림과 얼굴이다. 따라서 당일 입을 옷을 미리 준비해 두고 리허설 때 직접 입고 해보자. 제스처를 취하려고 팔을 올리는 데 불편함은 없는지, 바지나 스커트의 폭이 너무 좁아 움직이는 데 방해가 되지는 않는지 살펴봐야 한다.

구두가 새것이라면 발이 아프지는 않는지, 걸음걸이가 부자연스러워 보이지는 않는지 점검하고 보완을 해 놓아야 당일에는 이야기에만 집중할 수 있다.

일찍 끝났다고 불평하는 사람은 없다

주어진 시간을 지키는 것은 사람들에 대한 예의다. 그러므로 발표 시간을 초과하지는 않는지 리허설을 통해 반드시 확인해야 한다. 사람들은 당신의 길고 긴 이야기를 들을 시간도 인내력도 없다. 프레젠테이션이든 간단한 보고나 발표든 마찬가지다. 불필요한 부분은 과감하게 생략하고, 짧은 시간 안에 효과적으로 내용을 전달할 수 있어야 한다.

강연이 일찍 끝났다고 불평하는 사람은 없어도 한없이 늘어지면 불평하는 사람들이 생긴다. 지나침은 모자람만 못하다라는 말을 꼭 기억해야 한다.

동영상으로 확인하라

커뮤니케이션 코칭을 할 때면 반드시 수강생들의 모습을 촬영한 뒤 피드백을 한다. 대부분의 수강생들이 처음에는 부끄러워 고개도 못 들다가 "어머, 내가 말할 때 저런 표정을 짓다니.", "내 말투가 너무 마음에 안 드는걸.", "내가 저런 언어 습관이 있었나?", "내용의 흐름이 어색하네."하면서 자신의 모습을 조금 더 객관적으로 보기 시작한다.

누가 뭐라 해도 나 자신을 가장 잘 아는 사람은 나 자신이다. 영상에는 내 모습이 가감 없이 담기기 때문에 문제점을 더 자세히 알 수 있다. 영상을 본 동료들과 전문가의 조언이 더해진다면 더욱 가치 있는 피드백 시간이 된다.

동영상 리허설은 연습의 하이라이트다. 스마트폰으로도 촬영이 가능하니 주저할 이유가 없다. 번거롭고 귀찮은 과정이지만 말하는 능력을 향상시킬 수 있는 가장 빠르고 효과적인 방법이다.

잘할 수 있다는 믿음을 가지자

발표에 대한 공포나 두려움을 갖는 사람들은 "내가 과연 잘할 수 있을까?", "난 원래 말주변이 없는데 어떡하지."라며 은연중에 부정적인 생각을 갖고 있다. 이러한 생각은 자신이 만들어낸 것이다. 그렇다면 생각을 바꿔보자. 나는 잘할 수 있다는 믿음을 스스로에게 주는 것이다. 아무리 내용이 훌륭하고 연습을 많이 했어도 잘할 수 있다는 믿음이 없으면 아무 소용이 없다.

완벽하려고 애쓰기보다는 전달하고자 하는 내용에 집중하면서 친구들에게 이야기한다고 생각하고 조금은 마음을 편안하게 가져보자. 지그시 눈을 감고 자신감 있고 당당하게 이야기를 마친 자신의 모습을 상상해보자. 입가에 미소가 번지며 기분 좋은 긍정의 에너지가 느껴질 것이다.

'할 수 있다는 믿음을 가지면 처음에는 그런 능력이 없을지라도 결국에는 할 수 있는 능력을 갖게 된다' 는 간디의 말처럼 모든 것은 할 수 있다는 마음과 스스로에 대한 믿음에 달려 있다.

동영상 리허설 피드백에서 점검해야 할 사항

	점검 내용
음성	• 목소리 톤이 너무 높거나 낮지 않은가 • 발음이 웅얼거리거나 새지 않는가 • 복식호흡으로 발성을 하고 있는가 • 중요한 부분에서 강조를 잘하고 있는가 • 군더더기 습관어를 사용하고 있지는 않는가 • 생동감 있게 이야기하고 있는가
몸짓	• 청중과 자연스럽게 눈빛을 주고받는가 • 청중을 골고루 보면서 이야기하는가 • 미소를 짓고 있는가 • 몸을 흔들지는 않는가 • 자세가 너무 경직돼 보이지는 않는가 • 한쪽 다리로 비스듬하게 서 있지는 않는가 • 뒷짐을 지고 있지는 않는가 • 제스처가 내용과 잘 어울리는가 • PT발표의 경우 레이저 포인터를 자연스럽게 활용하고 있는가

	점검 내용
의상	• 의상이 너무 화려하거나 튀지는 않는가 .... • 계절이나 온도에 맞는 의상을 입고 있는가 .... • 구두는 깨끗한가 .... • 구두굽이 많이 닳아 보기 싫지는 않는가 .... • 화려한 장신구에 눈이 너무 많이 가지는 않는가 .... • 헤어스타일은 단정한가 ....
전달	• 열정적으로 보이는가 .... • 긍정적인 느낌을 주고 있는가 .... • 자연스럽게 말하고 있는가 ....

마무리가 멋지면
멋지게 기억된다

많은 사람들이 오프닝에서 사람들의 관심을 끌고 감동적인 스토리로 말을 해 놓고도 끝맺음을 잘하지 못해 아쉬움을 남기는 경우가 많다. 무대에 등장하고 퇴장하는 모습만 봐도 그 배우의 수준을 알 수 있다는 말처럼 스피치에서도 시작과 끝은 무척 중요하다. 오프닝은 사람들의 관심을 유도해 이야기에 몰입하게 하는 중요한 역할을 하지만 제대로 된 마무리가 없다면 기억에 남는 스피치를 완성하기란 힘들다.

사람은 마지막으로 들어온 최신 정보를 더 잘 기억한다. 심리학에서는 이것을 최신효과라고 한다. 뇌의 이러한 특성을 생각하더라도 강렬하고 인상적인 클로징은 아주 중요하다.

앞에서 잠깐 언급한대로 스피치에 서툰 사람들은 대부분 한참 본론을 이야기하다가 "그럼 제 이야기는 여기서 마치겠습니다."하고는 어느 순간 끝내버린다. 이런 식의 끝맺음은 이야기에 한껏 몰입해 감정이 고조되어 있던 사람들을 당혹스럽게 만들고 허탈감에 빠지게 한다. 이런 실수를 막기 위해서는 "이러한 말로 오늘의 이야기를 끝맺음하려고 합니다."라는 식으로 이야기가 마무리되어 가고 있다는 사실을 서서히 알려주어야 한다.

소리에 변화를 주는 방법도 있다. 클로징 멘트에 앞서 짧게 침묵함으로써 분위기가 달라지게 한 다음, 이야기 속도를 늦추거나 목소리 톤을 낮추면 확실한 클로징 효과를 낼 수 있다.

클로징 멘트는 절대 길게 해서는 안 된다. 이야기를 마치겠다고 해 놓고는 실타래 풀 듯 끊임없이 늘어놓으면 결코 좋은 인상을 남길 수 없다. 후반부가 되면 사람들의 집중력이 현저히 떨어져 있기 때문에 짧고 강렬하게 마무리해야 한다.

많은 사람들이 기억하는 '자유가 아니면 죽음을 달라' 라는 문장은 미국 독립 투쟁의 상징인 페트릭 헨리의 연설 가운데 마지막 멘트였다. 이 강렬한 클로징 멘트는 미국 사람들의 마음에 불꽃을 일으켜 독립 투쟁의 강력한 기폭제가 되었다.

취업이나 입시 면접에서 면접관들은 대개 "마지막으로 할 말이 있습니까?"라고 묻는다. 이때 "아니요, 없습니다."라고 하는 것은 소중한 기회를 스스로 차버리는 것이다. 모든 노력의 마지막을 장식하는 클로징 멘트로 면접관에게 확실한 도장을 찍을 수 있는 기회이기 때문이다.

클로징은 이야기가 끝났음을 알리고, 핵심 내용을 다시 한 번 강조할 수 있는 다시 없는 기회다. 이 기회를 이용해 전체 내용을 압축하면서도 사람들의 감성을 건드릴 수 있는 강력한 멘트를 준비해야 한다. 임팩트 있으면서 동시에 사람들의 가슴에 감동과 여운을 남길 수 있는 클로징 방법을 3가지 소개하려고 한다. 유용한 방법들이니 잘 활용해 적용해보기 바란다.

핵심 메시지 요약

말하는 사람은 오랜 시간 고민하고 준비해서 이야기를 하지만 듣는 사람은 처음 듣는 이야기다. 그러므로 사람들이 모든 내용을 완벽하게 기억해줄 것을 기대하는 것은 무리다. 이때 좋은 방법이 핵심 메시지를 요약해주는 것이다. 핵심 포인트를 짚어줌으로써 이야기를 쉽게 마무리할 수 있고, 전하고자 하는 바를 다시 한 번 상기시켜줄 수 있다.

인상적인 인용구

인상적인 문구를 인용해 핵심 메시지를 다시 한 번 강조하는 방법이다. 주제를 잘 반영할 수 있는 문구를 찾아 활용하는 방법인데, 유명인의 경험이나 말, 속담, 고사성어 같은 것을 인용하는 것이 흔히 사용하는 방법이다.

주제를 함축적으로 담고 있는 짧은 이야기를 들은 사람들은 자연스럽게 주제를 떠올리며 전체 내용을 기억하게 된다. 주제를 다시 이야기하는 것보다 훨씬 강력한 메시지를 전달할 수 있다. 프레젠테이션마다 감동적인 드라마를 많이 연출한 스티브 잡스도 인용구를 활용해 마지막을 장식할 때가 많았다.

"Toto, I've got a feeling we're not in Kansas anymore
토토, 우리는 더 이상 캔자스에 있는 것 같지 않아.

오즈의 마법사에 등장하는 대사다. 미국 영화 100년사에 관객들의 기억에 남는 100대 명대사 중 4위를 차지한 유명한 대사다. 주인공 도로시가 완전히 달라진 주변을 바라보며 토토에게 한 말인데, 스티브 잡스는 애플의 새로운 제품 덕분에 세상이 완전히 달라진다는 메시지를 이 대사를 인용해 강조했던 것이다.

사람들에게 하고 싶은 말을 한두 문장으로 압축하고 있는 문구를 찾아 클로징 멘트에 적용해보자. 마음을 움직이게 하는 인상적인 글귀나 눈에 띄는 표현이 있다면 나만의 명언 노트를 만들어 적어두자. 분명 스피치의 완성도를 높이는 클로징 문구로 활용할 수 있을 것이다.

행동 촉구

이야기는 사람들을 감동시키거나 설득해야 하는 목적을 지니고 있다. 그러므로 말하는 사람은 긴 시간 이야기하면서 여러 번의 강조를 통해 주제를 전달한다. 듣는 사람들 또한 말하는 사람이 전달하고자 하는 바를 당연히 알아듣는다.

그런데 사람들은 '그럼 어떻게 해야 하지?'라는 물음을 갖게 된다. 따라서 구체적인 행동을 할 수 있도록 방법을 제시해야 한다. 그렇게 해야 사람들은 '아~ 이렇게 하라는 거구나' 하며 이야기 주제를 명확하게 이해하고 행동할 수 있게 된다.

한 해 강연료만 수억 원이라는 브라이언 트레이시는 자기계발 분야의 컨설턴트로 유명하다. 몇 해 전 한국에서도 '자수성가한 백만장자의 성공비법'이라는 주제로 강연을 했다. 두 시간이나 되는 긴

연설이었지만 한 마디 한 마디가 가슴에 깊이 와닿은 인상적인 강연이었다. 그 강연이 오래도록 기억에 남았던 이유는 마지막 부분에서 목표를 달성하기 위한 구체적인 방법을 제시했기 때문이다.

"더 많은 단계로 이루어진 거창한 성공 방법도 있겠지만 여러분이 쉽게 기억할 수 있도록 7단계 방식을 알려주겠습니다."

사람들은 이미 두 시간 넘게 성공하는 방법에 대한 이야기를 들었고, 그의 이야기에 감명받았지만 '그래서 어떻게 해야 하는 걸까?' 라는 의문을 품고 있었다. 그는 사람들의 마음을 정확하게 꿰뚫고 있었고, 의문을 확실하게 해결해주었다. 백만장자가 되기 위한 그의 7단계 방식은 이러했다.

1단계 : 원하는 목표를 설정하라.

2단계 : 목표를 종이에 적어라.

3단계 : 목표 기간을 정하라.

4단계 : 해야 할 일을 리스트로 만들어라.

5단계 : 리스트를 정리하라.

6단계 : 당장 계획을 실천에 옮겨라.

7단계 : 매일 실천하라.

쉽고 간단하면서도 바로 실천하고 싶어지는 방법이었다. 덕분에 강연을 들은 사람들은 '이렇게 하면 되겠구나' 하고 만족스럽게 자리에서 일어날 수 있었을 것이다. 사람들에게 확실한 방법을 제시해주자. 행동을 변화시키기 위해서는 구체적이면서도 간결한 방법이 더욱 효과적이다.

Part 2

내용보다 더 오래 기억되는 것은
목소리다

나의 가치관과 능력이
고스란히 드러나는 목소리

목소리는 제2의 얼굴이다. 살아온 시간이 쌓이고 오랜 습관으로 자신이 형성된 것처럼 목소리에는 한 사람의 정보가 고스란히 담겨 있다. 그러므로 목소리를 들으면 어떤 사람인지 짐작이 가능하다.

하버드대학의 연구에 따르면, 목소리에는 그 사람에 대한 200가지 이상의 정보가 담겨 있다고 한다. 나이나 체격, 외모는 물론 직업이나 가치관, 꿈과 희망, 심지어 어떤 생각을 하고 있는지도 알 수 있다고 하니 목소리는 참으로 놀라운 힘을 지니고 있는 셈이다.

나는 10년 가까이 방송을 하면서 목소리 컨설턴트로도 활동하고 있다. 그동안 목소리 때문에 힘들어하는 사람들의 고민을 많이 듣고 해결해주는 과정을 통해 목소리에 대한 연구를 꾸준히 해왔다. 그러다 보니 상대방과 잠시만 이야기를 나누어도 그 사람의 성격이나 태도, 가치관, 심지어 삶에 대한 자세까지 어느 정도 추측이 가능하다. 그래서 종종 수강생들에게 예지력이라도 있냐는 소리를 듣기도 한다. 하지만 나에게 그런 능력이 있을 리 없다. 다만 목소리에 다양한 정보들이 담겨 있기 때문에 가능한 것이다.

목소리는 보이지 않는 나의 이미지다. 사람은 첫 만남에서 3~7초라는 아주 짧은 시간 동안 외적인 이미지를 상대방에게 보여준다. 그 찰나의 시간이 지나고 말을 주고받는 과정에서 서로의 목소리, 이미지가 드러난다. 비즈니스 미팅 상황이라면 명함을 주고받은 뒤 간단히 인사를 나누게 되는데, 그때 목소리가 어떻게 전달되느냐에 따라 상대방이 나를 대하는 태도는 달라진다.

아주 짧은 시간 안에 면접의 당락이 결정되는 곳이 있다. 아나운서 1차 카메라 테스트 때다. 차례가 되면 무대에 올라가 마이크 앞에서 뉴스를 읽는데, 뉴스를 읽기 전 '안녕하십니까?' 하고 인사를 한다. 심사위원들은 인사말만 듣고 당락을 결정하기도 한다.

인사를 하는 데 걸리는 시간은 5초도 안 된다. 수십 년 동안 방송을 해 온 심사위원들은 대부분 목소리 전문가들이다. 인사말만 들어도 호흡은 어떤지, 발성 훈련은 어느 정도 되었는지, 발음은 정확한지 단번에 알아차린다. 그러다 보니 아나운서 준비생들은 인사 연습만 수백, 수천 번 하기도 한다. 1분도 채 되지 않는 면접 시간이 그때는 참 억울했다. 하지만 면접관으로서 그 자리에 앉아보니 상황이 충분히 이해가 갔다. 목소리가 지닌 힘 때문이다.

요즘은 아나운서 시험뿐 아니라 기업이나 공무원 입사 시험에서도 목소리의 중요성이 커지고 있다. 구술 면접이 차지하는 비중이 높아지고 있기 때문이다. 구술 면접은 면접자의 이야기를 통해 그 사람의 됨됨이부터 태도, 인성, 가치관과 능력을 평가하는 자리다. 그러므로 평소 갖고 있는 자신의 생각을 조리 있게 표현해서 능력을 인정받아야 한다. 이렇게 중요한 자리에서 자신감 없는 목소리로 대답한다면 면접관들에게 좋은 점수를 받을 수 있을까?

아무리 대답 내용이 좋고 논리적이라고 해도 작고 힘없는 목소리, 발음이 부정확하다면 전달력이 떨어지고 자신감도 없어 보여 결코 좋은 이미지를 줄 수 없다.

목소리가 달라지면 세상이 다르게 보인다

어느 날 면접에서 여러 번 떨어진 취업 준비생이 나를 찾아왔다. 이력서만 보면 웬만한 사람들의 스펙은 저리 가라 할 정도로 우수했다. 그런데 이야기를 나눠보니 어깨가 상당히 굽어 있고 표정도 굉장히 우울해 보였다. 무엇보다 웅얼대는 목소리 때문에 무슨 말을 하는지 알아들을 수가 없었다. 아무리 스펙이 훌륭해도 자신감 없어 보이고 말이 어눌하다면 누가 회사 일을 맡길 수 있을까?

그 친구는 나와 함께 당장 보이스 트레이닝에 들어갔다. 면접에서 훌륭한 답변을 하는 것도 중요하지만 그 답변을 담아낼 그릇인 목소리를 자신감 있고 힘 있게 만드는 것이 우선이다. 합격이라는 두 글자가 절실했던 그 친구는 한 달 동안 열심히 연습하고 훈련했다. 열정을 갖고 노력하는 사람에게는 아우라라는 것이 보인다. 그 친구가 그랬다. 그리고 마침내 당당하게 합격 소식을 알려왔다. 선생님 덕분에 목소리도 좋아졌고 자신감도 얻게 되어 감사드린다는 인사말과 함께.

목소리 훈련을 받고 난 뒤 사람들이 늘 내게 하는 말이 있다. 목소리가 바뀌니 삶에 대한 자신감이 생겼다는 것이다. 자신감이 생기니 학교나 직장 생활이 더 즐거워지고, 친구나 부부관계에서도 더 존중받고 인정받는 것 같아 인생이 즐거워지더라고 했다.

이런 수강 후기나 감사 인사를 받을 때면 큰 자부심과 보람을 느낀다. 훈련을 통해 바뀐 좋은 목소리는 진정으로 우리의 인생을 빛나게 해줄 강력한 힘을 갖고 있는 것이 분명하다.

목소리가 좋아지자
자신감이 생겼다

많은 사람들이 목소리 때문에 나를 찾아온다. 그들과 이야기를 나누다 보면 작고 힘 없는 목소리, 부정확한 발음 때문에 고민이라는 사람들이 가장 많다.

사회적으로 이름난 사람들부터 직장인, 학생, 입사를 위해 면접을 준비하는 취업 준비생들까지 목소리에 대한 고민은 대개 비슷하다. 요즘은 1인 기업이 늘면서 CEO의 나이가 점점 낮아지다 보니 어린아이 같은 목소리 때문에 전문가로서의 대우를 받지 못할 때가 많다고 하소연하는 사람들도 있다.

목소리는 한 사람의 이미지뿐만 아니라 일에 대한 신뢰에도 영향을 미친다. 그러므로 평소 말을 할 때 자신의 목소리를 잘 관찰

할 필요가 있다. 회사에서 보고나 회의를 할 때 또는 지시를 할 때 목소리 톤이 어떤지, 중요한 프레젠테이션을 할 때 상대방이 확실하게 알아들을 수 있도록 정확하고 또렷하게 발음하고 있는지 한번 떠올려보자.

말을 한다는 것은 단순히 생각을 단어와 문장으로 소리 내어 표현하는 것 이상이다. 이야기하고자 하는 내용이 상대방에게 정확하게 전달되는지가 중요하다. 그렇다면 지금 당장 목소리부터 점검해보자. 다음 중 자신에게 해당되는 항목에 체크해보자.

- 목소리가 작고 힘이 없다. ☐
- 말투가 아이 같다는 이야기를 자주 듣는다. ☐
- 내 말을 잘 알아듣지 못해 상대방이 다시 묻는 경우가 자주 있다. ☐
- 발표할 때 소리가 작아 스스로 답답할 때가 있다. ☐
- 목소리에 미세한 떨림이 있다. ☐
- 말을 하면 거칠고 허스키한 쇳소리가 난다. ☐
- 차가운 말투로 오해받는 경우가 자주 있다. ☐
- 조금만 길게 이야기해도 목이 갈라지고 상한다. ☐
- 전화로 이야기할 때 상대방이 내 말을 다시 물을 때가 많다. ☐
- 목을 누르는 듯한 목소리 때문에 고민이다. ☐

- 갈라지고 둔탁한 목소리가 고민이다. ☐
- 발음이 정확하지 않아 의사 전달이 정확히 안 될 때가 있다. ☐
- 상대방이 내 말에 집중하지 않는다는 느낌을 받을 때가 많다. ☐
- 말의 속도가 너무 빠르거나 느려서 고민이다. ☐
- 소리가 자꾸 안으로 먹어 들어가는 것 같다. ☐
- 사투리 때문에 고민이다. ☐

보통 사람들도 이 가운데 몇 가지는 고민인 경우가 많다. 그렇다면 이런 고민들은 해결이 가능할까? 물론 그렇다. 위의 고민거리들은 목소리 훈련으로 얼마든지 개선이 가능하다. 그런데도 "정말 내 목소리가 바뀔까요?"라는 질문을 참 많이 받는다. 나 역시 아나운서 아카데미에 등록한 첫 날 똑같은 질문을 했다. 그래서 목소리 때문에 고민하는 사람들의 마음을 누구보다 잘 안다.

"꾸준히 연습하면 나보다 더 좋은 목소리를 가질 수 있을 거예요."

나를 가르쳤던 선생님은 늘 이렇게 이야기했다. 처음에는 정말 가능할까, 하고 걱정도 많이 했지만 선생님처럼 근사하고 멋진 목소리를 갖고 싶었기에 선생님의 격려가 굉장한 힘이 되고 기뻤다. 그리고 연습을 거듭할수록 선생님의 이야기가 맞다는 것을 직접 경험했다.

목소리 톤이 낮을수록 연봉이 높아진다?

목소리 훈련을 받으려는 사람들에게 자신 있게 이야기할 수 있다. 목소리는 바꿀 수 있다. 다만 올바른 방법으로 시간과 노력을 투자해야만 가능하다. 살아오는 동안 한 번도 신경 쓰지 않고 편안하게 내왔던 목소리를 바꾸는 데 시간과 노력을 들여야 하는 것은 당연하다. 그렇다고 너무 겁먹을 필요도 없다. 좋은 목소리는 누구나 노력하면 가질 수 있기 때문이다.

목소리 훈련을 통해 좋은 목소리를 갖게 되면 직장 생활 뿐 아니라 일상생활에서도 자신감이 높아진다. 편의점에서 생수 한 병을 살 때도 무미건조하거나 공격적인 목소리가 아니라 무게 있으면서도 정확한 발음과 편안한 목소리로 이야기하면 상대방의 태도가 눈에 띄게 달라지는 것을 경험할 수 있다.

듀크대학에서 목소리와 CEO의 성공 관계에 대해 연구를 한 적이 있다. 목소리 톤이 낮은 CEO일수록 규모가 큰 기업을 경영하는 것으로 드러났는데 그에 따른 연봉도 높은 것으로 나타났다.

상대방에게 신뢰감을 주고 호감을 얻고 싶은가? 자신의 분야에서 전문가로서 당당하게 인정받고 싶은가? 그렇다면 당장 목소리 훈련부터 시작해보자.

내용이 20이면
목소리가 80이다

우연히 행복에 대해 연구하고 강의하는 교수님의 강연을 들은 적이 있다. 행복한 삶에 대해 관심이 많은 터라 강의가 참 인상 깊었다. 내용도 좋았지만 무엇보다 목소리가 내 귀를 사로잡았다. 성우 못지않은 깊은 울림이 느껴지는 중후한 발성과 차분하면서도 포근함이 느껴지는 편안한 음성은 강의를 더욱 빛나게 해주었다.

그날부터 그 교수님의 팬이 되어 강의도 더 찾아보고 책도 읽으며 언젠가 한 번 만났으면 좋겠다고 생각했는데 신기하게도 그 교수님이 주관하는 행사에 사회를 보게 되었다. 그날 교수님과 인사를 나누면서 서로의 목소리에 대해 칭찬을 아끼지 않았던 것이 기억난다. 얼굴도 잘생기고 목소리까지 좋은 그 교수님은 전국에서

온 여성 팬들이 어찌나 많든지 마치 연예인을 방불케 했다.

목소리는 개개인이 모두 다르기 때문에 각자의 개성이 담긴 목소리로 자신의 매력을 드러내는 경우도 많다. 그러므로 획일적으로 이러한 목소리를 가져야 한다는 것은 아니다. 하지만 대중 연설이나 발표를 할 때는 꼭 갖추어야 할 음색이 있다. 사람들은 이야기를 편안하게 듣기를 원한다. 그런데 쇳소리처럼 갈라지거나 목이 쉰 듯한 목소리, 소리가 너무 작거나 슬픔이 느껴지는 목소리는 사람들의 집중을 방해한다.

내용을 리드하는 목소리

|

이야기를 전달하는 수단은 목소리다. 같은 내용인데도 음성과 크기, 속도, 발음, 리듬감에 따라 전달력과 신뢰도, 설득력은 전혀 다르게 느껴진다.

아나운서이자 컨설턴트로서 내가 가장 신경을 많이 쓰는 부분 역시 목소리다. 뉴스를 전달하는 프로그램 진행자로서 그리고 커뮤니케이션 코칭을 하는 컨설턴트로서 신뢰도에 가장 영향을 주는 부분이 목소리이기 때문이다.

세련된 모습으로 무대에 올랐지만 작고 어눌한데다 어린아이 같은 목소리로 이야기를 한다면 말하는 사람에 대한 기대감과 흥미는 약해진다. 콘텐츠는 좋지만 발음이 어눌하고 부정확하면 전달력도 떨어진다. 반면 지적이고 전문적인 느낌을 주는 목소리로 이야기를 시작하면 사람들은 '뭔가 좀 다른데' 하면서 기대를 갖고 귀를 기울인다.

평소 내 말의 전달력은 어떤지 살펴보자. 대화 도중 상대방이 내가 한 말을 다시 묻는 경우가 자주 있다든지, 상대방이 내 이야기에 집중하는 것이 느껴지지 않는다면 자신의 발음과 속도, 목소리 톤을 점검해야 한다.

뉴스에서 진행자의 목소리는 상당히 큰 부분을 차지한다. 나 역시 뉴스를 할 때면 목소리, 특히 발음에 신경을 많이 쓴다. 빠르고 정확하게 전달해야 하는 뉴스의 특성상 발음이 정확하지 못하면 정보 전달이 제대로 이루어지지 않는다. 일상 대화에서는 아주 정확하게 발음하지 않아도 문맥을 통해 의미가 전달되므로 의사소통에 큰 지장이 없다. 하지만 평소 무의식적으로 편안하게 발음하는 것에 익숙해지다 보면 공식적으로 정보를 전달해야 하는 자리에서 갑작스레 정확한 발음으로 말하는 것이 쉽지 않다.

메시지를 강력하게 전달해야 하는 발표나 연설 역시 뉴스만큼이나 전달력이 중요하다. 무엇보다 정확한 발음은 의미를 제대로 전달하기 위한 기본적인 원칙이면서 말하는 사람의 공신력과 신뢰도에도 큰 영향을 미친다. 발음이 정확하지 않아 사람들이 내용을 정확하게 이해하지 못한다면 성공적인 스피치라 할 수 없다.

평소 입을 많이 벌리고 발음하는 연습을 해보자. 복식호흡으로 폐활량을 늘린 상태에서(복식호흡에 대해서는 뒤에 자세히 나온다) 신문이나 책을 소리 내어 읽어보자. 입을 크게 벌리고 모음과 자음을 또렷하게 발음하는 연습을 하면 생각보다 빨리 정확한 발음을 구사하게 될 것이다.

뉴스 기사를 이용해 낭독 훈련을 하면 평소 발음하지 않던 단어들을 접할 수 있어 더 효과적이다. 발음이 잘 되지 않는 단어들은 따로 단어장을 만들어 되풀이해서 연습하면 더 좋다. 발음이 잘 안되고 꼬이는 단어가 있다면 한 단어 당 100번 이상 정확하게 소리 내어 읽어보자.

이야기를 할 때는 중요한 키워드나 알아듣기 힘든 단어일수록 천천히, 크고 또렷하게 소리 내야 한다. 듣는 사람에 대한 예의이자 의무이기도 하다. 발음만 정확해도 지적인 이미지를 줄 수 있다.

주름살 제거 수술보다
목소리 훈련이 더 효과적이다

길을 걷다가 좋은 목소리가 들려 자신도 모르게 뒤돌아본 경험이 있을 것이다. 과연 어떤 사람일까, 어떤 모습을 하고 있을까, 하는 호기심 때문이다.

좋은 목소리는 본능적으로 사람을 끌어당기는 힘을 갖고 있다. 가장 원초적인 감각이 청각이라는 사실을 봐도 잘 알 수 있다. 일상생활에서는 라디오나 텔레비전을 통해 좋은 목소리를 가진 사람들을 종종 만날 수 있다. 아나운서, 성우, 연기자, 가수 등 부드럽고 편안하면서 낭랑한 그들의 목소리를 들을 때면 목소리가 참 좋다는 느낌을 받는다. 목소리가 따뜻하고 친근한 배우를 보면 왠지 성격도 그럴 것 같아 호감이 더 가기도 한다.

사람들은 같은 이야기를 하더라도 목소리가 좋은 사람의 이야기에 더 집중하고 말도 더 잘한다고 느낀다. 프레젠테이션 상황을 생각해보자. 거칠고 허스키한 목소리로 말하는 사람과 부드러우면서도 힘 있고 정확한 발음으로 말하는 사람이 있다면 누구에게 더 집중하겠는가?

그렇다면 좋은 목소리란 어떤 목소리를 말하는 것일까? 좋은 목소리는 톤이 편안하면서도 안정적이다. 특히 중저음의 목소리는 상대방에게 신뢰감을 준다. 뉴스 아나운서나 앵커 목소리가 중저음인 이유가 여기에 있다.

좋은 목소리의 두 번째 특징은 목소리의 공명, 곧 울림이 풍부하다. 목욕탕에서 말을 하면 소리가 많이 울리는데 좋은 목소리에서는 이러한 울림을 느낄 수 있다.

세 번째 특징은 정확한 발음이다. 내용이 아무리 좋아도 발음이 부정확하면 전달력이 떨어진다. 보통 사람들은 말을 할 때 발음을 크게 신경 쓰지 않는다. 하지만 발음만 정확하게 해도 훨씬 스마트한 이미지를 줄 수 있다.

마지막으로 생동감이다. 말하는 사람의 목소리 톤에 아무런 변화가 없다면 듣는 사람들은 금세 지루해한다. 반면 강약과 높고 낮음이 적당히 어우러진 목소리는 살아 숨 쉬는 듯 생생한 에너지가 느껴져 사람들은 자신도 모르게 그 사람의 말에 빠져든다.

누구나 자신만의 목소리 톤과 음색이 있다. 닮고 싶은 사람의 목소리를 따라 해봐도 금방 자기 목소리로 돌아오는 것은 자신만의 고유한 목소리를 갖고 있기 때문이다. 나도 평상시 말할 때와 뉴스나 강연을 할 때의 목소리가 완전히 같지 않다. 꾸준한 연습 덕분에 어느 정도 목소리를 컨트롤할 수 있어 상황에 맞게 자유자재로 목소리를 낸다. 이 또한 목소리 훈련으로 얻은 나의 큰 자산이다.

목소리가 좋은 사람이 더 매력적으로 보인다

나는 지금도 목소리 훈련을 꾸준히 하고 있다. 그 까닭은 의식하지 않아도 매력적인 목소리를 자연스럽게 내기 위해서다. 여성이든 남성이든 사람들은 목소리가 좋은 사람에게 더 매력을 느낀다. FBI에서 30년 동안 사람들의 행동 연구를 한 조 내버로는 『우리는 어떻게 설득 당하는가』라는 책에서 이렇게 말했다.

"만약 누군가 내게 주름살 제거 수술을 받는 것이 나을지, 시간을 들여 목소리를 개선하는 것이 나을지 묻는다면 나는 수술비로 쓸 돈은 저축해두고 목소리를 가다듬는 편이 훨씬 낫다고 대답할 것이다."

목소리 훈련을 하는 이유는 내 목소리를 버리고 다른 사람의 목소리를 갖기 위한 것이 아니다. 그동안 신경 쓰지 않고 되는 대로 편안하게 소리 내 왔던 잘못된 발성 습관을 고쳐 나가는 것이다. 그 과정에서 내 안에 숨겨져 있는 나만의 고유한 목소리를 찾는 것이다. 좋은 목소리로 바뀌어 가는 과정을 통해 자신의 가치가 더욱 빛나게 되는 기쁨까지 누리게 되면 일거양득이 아닐 수 없다.

힘 있는 목소리는
뱃심에서 나온다

        신뢰감을 주고 호감 가는 목소리를 만들기 위해서는 호흡과 발성, 발음 훈련이 필요하다. 이 가운데 가장 중요한 것이 호흡이다.

  목소리 훈련의 첫 번째 단계는 복식호흡을 익히는 것이다. 복식호흡이란 배로 숨 쉬는 것을 뜻한다. 복식호흡은 발성 훈련을 위한 기초 체력 훈련으로, 건강하고 깊이 있는 목소리를 만들기 위해서는 반드시 익혀야 한다. 집을 지을 때도 뼈대가 튼튼해야 부실공사가 되지 않듯이 복식호흡은 좋은 목소리라는 집의 튼튼한 골격이나 마찬가지다.

  평상시 의식하지 않은 상태에서 하는 호흡을 가슴으로 호흡한다고 해서 흉식호흡이라 한다. 평소대로 숨을 크게 한 번 들이마셔 보자. 어떤가? 가슴이 부풀어 오르면서 어깨는 위로 올라가고 배가 쑥 들어가는 것이 느껴지는가? 이제 숨을 내쉬어보자. 가슴과 어깨가 제자리로 돌아오고 배는 앞으로 불룩하게 나올 것이다. 이것이 흉식호흡이다.

흉식호흡을 하면 가슴으로 얕게 호흡하기 때문에 폐 안쪽에 들어가는 공기의 양이 적다. 그래서 조금만 빨리 말하거나 오래 말하면 금세 숨이 차고 목이 쉽게 상한다. 또한 어깨와 목 근육이 잔뜩 긴장한 상태가 되므로 경직되고 딱딱한 소리가 나온다.

흉식호흡의 단점을 보완해주는 것이 복식호흡이다. 복식호흡을 하면 배 아래쪽, 곧 폐 아래쪽의 횡격막을 아래로 내리면서 숨을 들이마시므로 흉식호흡보다 많은 폐활량을 확보할 수 있다.

코로 숨을 들이마신 뒤 공기를 배 아래쪽까지 깊숙이 밀어 넣어보자. 공기가 차곡차곡 채워지면서 자연스럽게 배가 부풀어 오를 것이다. 내쉴 때는 입으로 공기를 후~ 하고 내보내자. 이때 배의 모양은 자연스럽게 안쪽으로 들어가게 된다. 숨을 내쉴 때는 배가 등에 붙는다는 생각으로 끝까지 내뱉자. 이런 방법으로 숨을 쉬면 호흡의 깊이가 점점 깊어진다.

하루 10분만 연습하면 누구나 가능

라디오 뉴스 앵커로 활동할 당시 가장 힘들었던 것이 12분짜리 단독 뉴스 진행이었다. 12분이라고 하면 길게 느껴지지 않을 수도 있지만 스트레이트 뉴스를 12분 내내 쉬지 않고 전달하는 것은 생각보다 쉽지 않다. 텔레비전 뉴스와는 다르게 라디오 뉴스는 청각에 모든 것이 집중되기 때문에 호흡, 발성, 발음 어느 하나도 소홀히 할 수 없다. 작은 실수도 굉장히 도드라져 보이기 때문이다.

12분짜리 단독 뉴스처럼 긴 뉴스를 진행할 때는 무엇보다 호흡이 중요한데, 이때 가장 중요한 것이 복식호흡이다. 흉식호흡으로 뉴스를 진행한다면 모르긴 해도 100미터를 힘껏 질주한 느낌이 들 것이다. 말하는 사람도 숨이 차고 듣는 사람도 굉장히 불편할 것이다. 하지만 복식호흡으로 뉴스 리딩을 하면 안정적으로 진행할 수 있다.

뉴스를 마치고 스튜디오 밖으로 나가면 스텝들이 자주 묻곤 했다. "그렇게 뉴스를 길게 하다 보면 숨차지 않으세요?" 그러고는 숨이 찰 것 같은데 전혀 그렇게 보이지 않는다고 얘기해준다. 그러면 나는 "숨이 차죠, 그런데 복식호흡을 하면 수월하게 진행할 수 있습니다."라고 답을 한다. 다시 복식호흡은 어떻게 하느냐는 질문이 돌아오고, 스튜디오 밖은 짧은 목소리 트레이닝 미니 강의실이 되기도 한다.

복식호흡에 대해 전혀 모르는 사람도 평소 복식호흡을 하는 순간이 있다. 누워 있을 때다. 누운 자세에서는 누구라도 자연스럽게 복식호흡을 한다. 그렇다면 편안하게 누워 숨을 들이마셔 보자. 숨을 들이마시면 배가 올라오고 숨을 내쉬면 배가 내려간다. 손을 가볍게 배에 얹고 천천히 숨이 들어오고 나가는 것을 느껴보자.

복식호흡이 어느 정도 느껴졌다면, 배 위에 책을 두 세권 올려놓고 호흡해보자. 조금 더 깊이 있는 복식호흡이 느껴질 것이다. 복식호흡을 처음 하는 사람이라면 누운 자세로 호흡하면 감각을 익히기 쉽다. 누운 자세에서 어느 정도 복식호흡 연습을 한 뒤에는 앉거나 서서 연습해보자.

복식호흡이 익숙해지려면 하루 10분 정도 따로 시간을 내어 연습해야 한다. 어느 정도 익숙해지면 굳이 시간을 내지 않아도 책을 보거나 길을 걸을 때, 텔레비전을 보면서도 연습이 가능하다.

복식호흡을 하면 폐활량이 늘어나 크고 또렷하며 생기 있는 목소리를 갖게 된다. 목소리가 작고 힘이 없어 고민이라면 지금부터 복식호흡을 연습해보자. 어느 순간 생기 넘치면서 힘 있는 목소리로 변한 자신을 발견하게 될 것이다.

복식호흡 훈련 방법

1단계 : 다리를 어깨 너비로 벌린 뒤, 허리와 어깨를 편 상태에서 거울 앞에
서자. 턱은 살짝 당기고 등과 허리, 머리가 일자가 되도록 한다.
2단계 : 어깨와 상체에 힘을 뺀 상태에서 두 손을 배꼽 아래 5센티미터 되는
지점에 가볍게 붙이자.
3단계 : 눈을 지그시 감고 천천히 숨이 들어오고 나가는 것을 느껴보자. 3초
동안 코로 숨을 마시고 6초 동안 입으로 내쉬어보자.(5번 반복)
4단계 : 4초 동안 숨을 마시고 8초 동안 숨을 내쉰다.(10번 반복)
5단계 : 2초 동안 숨을 마시고 2초 동안 숨을 내쉰다.(10회 반복)
6단계 : 1초 동안 숨을 마시고 1초 동안 숨을 내쉰다. 숨을 마시고 내쉴 때 소
리를 내면서 빠르게 호흡한다.(10회 반복)
7단계 : 편안하게 호흡을 정리한다.

*자연스럽게 복식호흡을 할 때까지 날마다 5~10분 지속적으로 해준다.

처음 복식호흡을 연습하다 보면 들숨과 날숨 호흡에 맞춰 배가 들어가고 나
가는 것이 무척 어색해 반대로 되기도 한다. 그러므로 처음에는 의식적으로
연습해야 한다. 하지만 자꾸 연습하다 보면 어느새 자신도 모르게 복식호흡
을 하고 있는 것을 발견하게 된다.
호흡이 길어지면 훨씬 안정적이고 세련된 느낌으로 이야기를 할 수 있다. 복
식호흡이 완전히 몸에 익숙해지도록 꾸준히 연습하자.

좋은 목소리는
건강한 몸에서 나온다

나는 목소리를 잃어본 적이 있다. 이제 막 보이스 트레이닝 강의를 하기 시작했을 때다. 방송만 할 때보다 훨씬 많은 시간 동안 목소리를 내야 하다 보니 평소와는 다르게 목이 점점 예민해진다는 느낌을 받았다. 그런데 한참 강의에 몰입하던 시기라 목이야 어떻게 되든 말든 수강생들 앞에서 목이 터져라 시범을 보이며 강의를 했다.

어느 날 아침, 눈을 떴는데 목소리가 이상했다. 쉰소리만 날 뿐 목소리가 거의 나오지 않았다. 병원에 달려갔더니 목을 너무 많이 사용해 성대결절이 생겼다며 1주일 동안 푹 쉬라고 했다. 청천벽력같은 처방이었다. 1주일이라니! 방송도 있고 나를 기다리고 있는 수많은 수강생들도 있는 상황에서 말도 안 되는 일이 벌어진 것이다.

처음 있는 일이다 보니 많이 놀라기도 했고 앞으로 목소리가 영영 안 나오는 것은 아닐까, 직업을 잃는 건 아닐까, 정말 걱정을 많이 했다. 내가 맡은 일은 꼭 내 손으로 해내야 직성이 풀리는 성격 때문에 누군가에게 신세를 지는 것도, 내 일에 대한 책임을 다하지 못했다는 사실도 나를 무척이나 괴롭게 했다. 하지만 목소리가 전혀 나오지 않는 상황이라 아무것도 할 수 없었기에 우선 목을 낮게 하는 데만 집중했다.

쉬는 동안 천천히 원인을 생각해보았다. 그동안 너무 몸을 혹사시켰다는 사실을 알아차렸다. 밥도 제대로 챙겨먹지 않고 잠도 제대로 자지 않으면서 일을 했다. 원래 체력이 튼튼하지 못해 꾸준히 운동도 해야 했는데 그것마저 실천하지 못하고 있었다. 다행히 1주일 정도 푹 자고 밥도 꼬박꼬박 챙겨 먹고 스트레스도 줄이자 목소리가 정상으로 돌아왔다.

지금은 누구보다 건강에 신경을 많이 쓴다. 건강한 신체에서 건강한 목소리가 나오기 때문이다. 목을 쓰는 사람으로서 건강에 신경 쓰지 않는다는 것은 목을 관리하지 않는다는 것과 같다. 목소리를 관리하는 방법에 대한 질문을 받을 때면 늘 내 경험을 먼저 이야기하면서 무엇보다 건강을 잘 챙기라는 조언을 한다.

성대는 내 몸의 일부

목소리를 만드는 데 있어 가장 중요한 역할을 하는 성대는 내 몸의 일부다. 신체기관 중 어느 한 곳도 연결되지 않은 곳이 없듯이 성대 또한 마찬가지다. 몸이 건강해야 좋은 목소리를 만들 수 있고, 좋은 소리를 유지할 수도 있다. 목소리가 작고 힘이 없어 고민이거나 목이 자주 갈라지고 상해 고민이라면, 무엇보다 자신의 건강을 먼저 돌볼 필요가 있다.

규칙적인 식사와 운동 그리고 숙면은 건강을 위한 필수 요소다. 여기에다 야식은 삼가는 것이 좋다. 잠들기 전에 음식을 먹으면 밤새 위가 그 음식을 소화시키느라 숙면을 방해하고 피로가 그대로 쌓여 몸의 기능이 전체적으로 떨어지게 된다. 나 역시 야식의 유혹을 견디지 못해 치킨이나 떡볶이 같은 자극적인 음식을 가끔 먹곤 한다. 그런 날이면 어김없이 다음날 아침에 눈뜨는 것이 힘들고 목소리가 잠기고 갈라진다. 잠들기 세 시간 전부터는 음식을 삼가자. 무엇보다 기름지고 맵고 짠 자극적인 음식은 성대에 좋지 않다.

목이 아프고 따끔거린다면 몸이 힘들다는 신호다. 그럴 때는 몸의 피로를 풀어주면서 성대를 푹 쉬게 해주어야 한다. 무리해서 소리를 내면 낼수록 성대는 상태가 악화된다.

신체 온도를 높이자

|

몸을 따뜻하게 하면 신체 면역력이 높아져 각종 질병으로부터 몸을 보호할 수 있다. 신체 온도를 높이는 방법은 두 가지가 있다. 하나는 운동이다.

목소리를 내는 데 있어 최대의 적은 감기다. 목소리는 청명하고 깨끗해야 상대방에게 호감을 주고 듣기에도 좋다. 그런데 열심히 준비한 프레젠테이션이나 중요한 미팅 또는 면접을 앞두고 감기에 걸려 목소리가 제대로 나오지 않는다면 얼마나 안타까운 일인가.

말을 하는 직업을 가진 사람들, 특히 나와 같은 아나운서나 강사들에게 가장 큰 적 또한 감기다. 감기에 걸리면 몸의 컨디션이 떨어지는 것은 물론이고 코맹맹이 소리를 비롯해 목소리가 갈라지고 가라앉아 말하는 것이 정말 힘들어진다.

감기는 목소리에 치명적인 영향을 주기 때문에 나는 평소 감기에 걸리지 않으려고 무척 신경을 많이 쓴다. 감기에 걸리지 않으려면 우선 면역력이 관건인데, 면역력을 높이는 가장 좋은 방법이 운동이다. 나는 요가나 필라테스, PT를 골고루 섞어 1주일에 2~3회 정도 한다. 운동은 개인의 몸 상태에 따라 유산소 운동과 근력 운동을 적절히 섞어 하면 좋다. 무엇보다 근력 운동은 근육의 움직임으로 체온을 올라가게 해 신진대사 작용을 활발하게 한다. 이로 인해 체지방이 줄고 근육량이 늘어나 탄탄한 몸매를 가질 수 있게 되는데, 근육량이 늘어나면 면역력은 절로 높아진다.

운동의 중요성은 아무리 강조해도 지나치지 않다. 너무 뻔한 방법 같지만 좋은 목소리를 유지하는 가장 효과적인 비법임에는 틀림없다.

신체 온도를 높이는 두 번째 방법은 작은 아이템을 활용해 차가운 공기로부터 몸을 보호하는 것이다. 스카프나 머플러를 활용해 목이나 몸 전체를 따뜻하게 해주자. 나는 남들보다 추위를 많이 타는 편이다. 손발도 찬 체질이라 몸의 온도 변화에 특히 신경을 많이 쓴다. 학창 시절에는 미니스커트를 자주 입고 다녔는데 생각해보니 지금보다 생리통이 훨씬 심했고, 감기도 더 자주 걸렸다.

요즘은 실내 냉방 장치가 워낙 잘 되어 있다 보니 더운 여름에도 시원하다 못해 춥기까지 한 곳이 많다. 뉴스 진행을 할 때도 뉴스 시간 외에는 에어컨이 강하게 나오는 사무실에 머무는 시간이 길었는데, 그럴 때면 몸이 많이 차가워져서 일부러 밖에 나가 몸을 따뜻하게 하고 들어오곤 했다. 그렇게 하면 다음 뉴스 때 목이 훨씬 부드러워져 더 수월하게 진행할 수 있었다.

구김이 덜 가는 가벼운 소재로 된 카디건이나 머플러를 가방에

넣고 다니면 추울 때 요긴하게 활용할 수 있다. 목만 감싸줘도 몸의 온도가 1도 정도 올라간다고 하니 평소 자신의 몸 상태를 잘 체크하고 관리해서 청명하고 맑은 목소리를 유지하도록 하자. 중요한 발표를 앞두고 있다면 간단한 스트레칭도 해주자. 긴장도 풀리고 혈액순환이 좋아져 몸이 따뜻해질 것이다.

목이 촉촉해야
촉촉한 목소리가 나온다

좋은 목소리를 내기 위해서는 성대 컨디션이 좋아야 한다. 성대는 촉촉한 상태일 때 가장 좋은 소리를 내는데 물을 자주 마시는 것이 가장 좋다. 나는 방송이나 강의가 있는 날은 시작 전이나 진행 중간에 수시로 물을 마신다. 이때 너무 차거나 뜨거운 물은 성대를 수축시키므로 미지근한 물이 가장 좋다.

목에 가장 안 좋은 것이 술과 담배다. 텔레비전이나 라디오에서 패널이나 게스트들이 이야기를 하다가 목에 무언가가 걸린 듯 켁켁하는 소리를 낼 때가 있다. 과도한 카페인 섭취나 담배, 술로 목 상태가 나빠진 경우이거나 목이 많이 건조해졌기 때문에 나타나는 현상이다. 술을 마신 다음날은 목과 입이 말라 찬 음료나 물을 들이켜는 경우가 많다. 이 또한 성대를 무척이나 마르게 하는 원인이 된다.

한 번은 전날 술을 많이 마신 선배 아나운서가 뉴스를 하기 위해 카메라 앞에 앉았다가 갈라지고 메마른 목소리 때문에 뉴스 내내 무척 고생하는 모습을 봤다. 20년 이상 방송을 해 온 사람도 술로 인해 건조해진 목은 어떻게 할 수 없었던 것이다.

담배가 건강에 해롭다는 것은 모두 아는 사실이다. 특히 니코틴과 타르는 성대와 후두에 직접 영향을 미쳐 입안을 매우 건조하게 만든다. 촉촉한 성대는 서로 부드럽게 마찰해 진동을 내며 소리를 만든다. 그런데 성대가 바짝 말라 있다면 진동은커녕 소리를 내지 못하는 상황이 생길 수도 있다. 건강한 목소리를 위해서라도 반드시 담배는 끊는 것이 좋다.

지난해 한국의 커피 시장 규모가 10조 원을 돌파했다고 한다. 그만큼 많은 사람들이 즐겨 마시는 음료 중 하나가 커피다. 맛도 좋고 향도 좋은 커피에는 카페인이 들어 있어 역시나 목을 메마르게 한다. 커피 말고도 녹차, 홍차에도 카페인이 많이 들어 있다. 카페인은 이뇨 작용을 일으켜 몸 안의 수분을 몸 밖으로 내보내 성대의 점액 분비에 영향을 미쳐 목을 마르게 한다.

나도 커피나 차를 좋아하지만 강의나 방송 전에는 마시지 않으려고 노력한다. 마시고 나면 목이 건조해져 깨끗한 목소리를 내는 것이 힘들다는 것을 경험으로 알고 있기 때문이다.

설탕이 많이 들어간 과일주스나 초콜릿, 케이크처럼 단 음식은 입안에 침을 고이게 만들어 말을 하는 데 불편하게 만들고, 유제품 역시 끈적끈적한 물질이 성대 점막에 달라붙어 말을 할 때 자꾸 헛기침을 하게 만든다.

그렇다면 도대체 무엇을 마셔야 하냐고 하겠지만 앞에서 강조했듯이 가장 좋은 음료는 미지근한 물이다. 그렇다고 앞에서 말한 식품들을 평소에도 먹지 말라는 것은 아니다. 발표나 회의, 면접 또는 중요한 프레젠테이션 전에는 마시지 않는 것이 좋다는 뜻이다.

성대가 약하거나 목을 많이 쓰는 사람이라면 배즙이나 도라지즙을 추천한다. 겨울철에는 공기가 차고 건조해 목 관리에 더 신경을 써야 하는데, 배와 도라지즙을 따뜻하게 해서 수시로 마시면 성대가 부드러워진다. 면역력도 높아져 감기 예방에도 좋으니 보온병에 담아 수시로 마시기를 권한다.

요즘은 마트에서도 배나 도라지즙을 쉽게 구할 수 있다. 가루나 청으로 된 제품들도 많으니 기호에 맞게 고를 수 있다. 맑고 촉촉한 목소리는 노력에 의해 얼마든지 만들 수 있고 유지할 수 있음을 기억하자.

건강한 목소리 관리법과 좋은 발성을 위한 생활 습관

목소리 관리법
- 물을 자주 마시자(미지근한 물).
- 감기에 걸렸거나 목이 아프고 쉰 목소리가 나면 목을 쉬게 해주자.
- 평소 식단과 운동을 통해 건강관리를 하자.
- 면역력을 높이자.
- 몸을 따뜻하게 해주자.
- 실내 습도를 적절히 유지하자.
- 금연하자.
- 맵고 짠 음식이나 카페인이 많이 든 커피나 녹차, 홍차는 가급적 줄이자.
- 평소 너무 크게 말하거나 소리를 지르지 않도록 하자.

좋은 발성을 위한 생활 습관
- 몸의 긴장을 풀기 위해 스트레칭을 자주 해주자.
- 바른 자세로 생활하자.
- 꾸준한 운동을 통해 복근을 강화시키자.
- 평소 천천히 말하는 습관을 들이자.
- 입을 크게 벌리면서 말하려고 노력하자.
- 조음 기관(혀, 입술, 턱)을 자주 풀어주자.
- 헛기침은 성대를 건조하게 만드는 요인이므로 삼가자.
- 미지근한 물을 자주 마셔 입안을 늘 촉촉하게 유지하자.

면접 때 먹히는 목소리는
따로 있다

면접은 사회에 첫발을 내딛는 취업 준비생이나 이직을 준비하는 직장인들이 자신이 회사에 적합한 인재임을 알리고 능력을 인정받기 위한 자리다.

면접 때는 면접관에게 호감을 주는 좋은 이미지를 구축하는 것이 합격으로 가는 지름길이다. 그런데 면접 지도를 하다 보면 취업 준비생들의 목소리에서 많은 문제점을 발견한다. 대표적인 것이 아성, 곧 아이 같은 말투를 구사하는 사람들이 많다는 사실이다.

사회는 프로들의 세계다. 그동안 학교나 집에서 하던 어리광은 사회에서는 통하지 않는다. 그러므로 먼저 아이 같은 말투부터 고쳐야 한다. '그래서요~, 그랬는데요~' 같은 어미를 구사하며 엥엥

거리는 목소리나, '~했떠요' 같은 혀 짧은 소리는 학교나 집에서는 귀엽다는 소리를 들을지 모르지만 그 어떤 면접관에게도 긍정적으로 비쳐지기 어렵다.

면접장에서는 평상시보다 좀 더 안정적이고 정돈된 톤으로 말해야 한다. 그렇게 하면 톤이 조금 낮아지면서 아이 같은 목소리도 한결 줄어든다.

평소 목소리 톤이 높고 가늘어 고민이었다면 꾸준한 발성 연습으로 자신의 목소리 톤을 안정감 있게 만드는 것이 필요하다. 이제 더 이상 아이가 아닌 어른으로서 사회에서 당당히 대접받고 싶다면 그에 맞는 목소리를 갖춰야 한다.

취업 준비생들이 면접 지도를 받으면서 두 번째로 많은 지적을 받는 것이 부정확한 발음이다. 발음이 정확하지 못하면 전달력이 떨어진다. 내가 한 답변을 면접관이 제대로 알아듣지 못한다면 커다란 마이너스 요인이 된다.

입을 위아래로 크게 벌리면서 최대한 또박또박 확실하게 발음하려고 노력하자. 말의 속도가 너무 빨라도 발음이 뭉개질 수 있으니 천천히, 의식적으로 여유를 가지면서 정확하게 발음할 수 있도록 신경 써야 한다. 발음만 정확해도 훨씬 자신감 있고 지적인 이미지를 줄 수 있다.

마지막으로 호감 가는 목소리로 예의 바르게 말하는 태도가 필요하다. 자신을 면접자가 아닌 면접관이라고 상상해보자. 부드럽게 미소 지으며 밝은 태도로 예의 바르게 행동하고 말하는 지원자를 선택하겠는가, 시무룩한 표정에 기운도 없어 보이고 대충 퉁명스럽게 대답하는 지원자를 선택하겠는가?

당락을 결정하는 것은 스펙만이 아니다

면접관들 중에서는 지원자가 입사하게 되면 사무실에서 함께 일하게 될 실무진들도 있다. 그렇다면 함께 일할 사람을 평가하는 자리나 마찬가지인데 그러기 위해서는 팀워크가 잘 되는 사람을 선택하기 마련이다. 곧 긍정적이고 에너지 넘치며, 많은 사람들과 잘 어울릴 수 있는 예의 바른 사람을 뽑는 것은 당연한 선택일 것이다.

물론 실력이나 스펙에서 월등히 앞서는 지원자가 있을 수 있다. 하지만 기업의 입사 시험은 실력으로만 당락이 판가름되는 것은 아니다. 하나의 목표를 갖고 함께 나갈 인재를 뽑는 곳이 회사다. 면접장에서 어떤 목소리로 대답하고, 어떤 태도로 임해야 할지 곰곰이 생각해보아야 한다. 성공적인 면접을 위한 목소리 전략을 다시 한 번 정리해보면 이렇다.

첫째, 아이 같은 말투는 피하고 안정적인 톤으로 말한다.

둘째, 정확하고 또렷한 발음으로 명료하게 말한다.

셋째, 긍정적이고 밝은 에너지를 보여주며 예의 바르게 말한다.

이 세 가지 사항을 반드시 기억해 면접장에서 활용한다면 틀림없이 성공할 것이다. 여기에 한가지 덧붙인다면, '이제 나는 이 사회의 한 구성원으로서 당당히 나의 능력을 인정받아 실력을 발휘할 것이다'라고 큰 소리로 다짐하며 마음속에 든든한 자신감을 채운다면 성공 확률은 더욱 높아질 것이다.

통화 버튼을 누르고 신호가 가는 동안
목소리를 가다듬는다

전화로 말할 때는 얼굴을 보며 말할 때보다 훨씬 더 신경을 써야 한다. 상대방의 표정이나 제스처가 보이지 않기 때문에 오해를 낳기 쉽고, 감정이 상하게 되는 경우도 많이 생기기 때문이다.

비즈니스 현장에서는 전화로 업무가 이루어지는 경우가 많다. 이때 목소리 이미지는 더욱 중요한 부분을 차지한다. 기업에서 전화 매너에 관한 교육을 따로 하는 이유도 이 때문이다. 서로 기분 좋게 전화를 주고받으려면 거는 사람도 받는 사람도 모두 신경 써야 한다. 나의 이미지도 좋아지고, 서로 기분 좋은 통화를 하기 위한 전화 목소리, 세 가지 전략을 살펴보자.

첫째, 전화를 할 때는 최대한 밝고 친절하게 말하자. 나는 기분이 아무렇지도 않은데 평소의 무뚝뚝한 목소리로 인해 상대방은 전화 통화 내내 불쾌한 느낌을 받을 수 있다. 만약 중요한 비즈니스 전화라면 업무에 차질을 줄 수도 있는 상황이다. 수화기를 들기 전에 '스마일~' 하고 미소를 한 번 지어보자. 기분전환도 되면서 목소리 톤이 살짝 올라가게 되는데, 나도 모르게 친절한 목소리가 나오는 것을 느낄 것이다.

일을 하다 보면 늘 기분 좋은 상황만 생기는 것은 아니다. 화가 나고 우울하고 짜증나는 일도 많다. 하지만 앞서 말했듯이 비즈니스는 프로들의 세계. 자신의 감정에 휘말리지 말고 프로다운 모습을 보여야 한다. 책상 앞에 작은 거울을 두고 전화를 받거나 걸기 전에 입꼬리를 올리면서 미소를 지어보자. 이 방법만으로도 당신의 호감도는 상승하게 된다.

둘째, 전화 통화를 할 때는 정확하게 발음하려고 노력하자. 통화를 하면서 가장 빈번하게 일어나는 상황이 앞에서 했던 말을 다시 해달라고 요구하거나 요구받는 경우다.

"죄송하지만 다시 한 번 말씀해주시겠어요?"

누구나 이런 말을 들은 경험이 있을 것이다. 특히 말의 속도가 빠르면 발음이 뭉개지기 쉬워 상대방이 더 알아듣기 어려워지므로 평소 말을 빠르게 하는 사람이라면 통화 시에는 의식적으로 주의해야 한다.

숫자나 지명, 어려운 이름을 말할 때도 같은 상황이 많이 벌어진다. 여러 사람에게 반복해서 요구받는 발음이 있다면 집중적으로 그 단어를 연습하는 것도 하나의 방법이다.

마지막으로 전화는 바른 자세로 받아야 한다. 의자나 소파에 푹 퍼져 있는 자세나 엎드린 채 전화를 받으면 목소리도 자연히 자다 일어난 듯 늘어지게 된다. 그런 목소리로 전화를 받는다면 상대방에게 호감을 주기 어렵다. 호감 문제를 떠나 상대방에 대한 예의가 아니므로 반드시 피해야 한다. 뒤에 나올 발성 훈련 편에서 다시 한 번 강조하겠지만 좋은 자세에서 좋은 목소리가 나온다. 전화를 할 때 이 세 가지 방법만 잘 실천해도 개인 이미지도 좋아지고 서로 기분 좋은 전화 통화가 된다.

사실 우리 모두 잘 알고 있는 내용이지만 귀찮다는 이유로 잠시 잊고 있던 전화 통화의 기술을 이제는 실전에서 활용해야 할 때다. 친절하고 밝은 톤으로, 정확한 발음으로, 예의 있는 자세로 통화하기! 오늘부터 당장 실천해보자.

강약, 속도, 침묵의
3중주

같은 이야기를 하더라도 좌중을 압도하며 재미나고 맛깔나게 이야기하는 사람이 있는가 하면 지루하고 집중이 되지 않아 하품을 쏟아지게 하는 사람이 있다. 이런 차이는 왜 생기는 것일까? 목소리에 생동감이 있느냐 없느냐의 차이 때문이다.

신명나게 이야기하는 사람은 눈빛부터 다르다. 자신감으로 가득 차 사람들을 잘 집중시키는데 그 비결은 생동감 있게 이야기하는 데 있다. 생생하게 말을 한다는 것은 말의 리듬이 살아있다는 뜻이다.

Part 1에서 잠깐 언급했듯이, 생동감 있게 말한다는 것은 중요한 부분을 적절하게 잘 강조한다는 뜻이기도 하다. 강조 방법은 다양하다. 어떤 부분을 강조하고 싶다면 그 부분에서 목소리의 톤, 속도, 억양, 포즈Pause에 변화를 주어보자. 이때 한 가지 강조법만 계속 사용하는 것이 아니라 곳곳에 적절한 방법을 적용해 상대방이 확실히 느낄 수 있도록 해야 한다.

같은 원고를 잘 단련된 아나운서와 일반인이 읽었을 때 다르게 느껴지는 이유는 강조법의 활용에서 차이가 나기 때문이다. 강조법의 중요성은 앞에서 이미 이야기했고, 이번에는 강조법의 세 가지 방법에 대한 구체적인 훈련법에 대해 이야기하고자 한다.

강약에 의한 강조

강하게 강조

강조법에서 가장 많이 쓰이는 기법으로 중요하다고 생각하는 부분에 힘을 주어 소리를 크게 하는 방법이다. 강조하고 싶은 단어나 설득하고자 하는 부분을 다른 음절보다 더 힘주어 소리 내면 된다.

말을 잘하는 사람들은 강조하고자 하는 부분을 효과적으로 전달할 줄 안다. 그렇다고 끊임없이 큰 소리로 이야기한다면 사람들의 집중력을 기대하기는 어렵다. 희망이나 기쁨, 자신감 같은 긍정적인 이미지를 가진 단어들에 적용하면 효과가 극대화된다.

큰 소리를 낸다고 해서 소리를 지르라는 뜻은 아니다. 목의 힘이 아니라 복식호흡을 하면서 배의 힘으로 깊은 소리를 만들어내야 한다. 다음 예문에서 굵게 표시된 단어를 강조해서 읽어보자.

인생의 위대한 목표는 지식이 아니라 **행동**이다.

성공으로 이끄는 제 1의 비결은 **자신감**이다.

모든 성취의 출발은 **꿈을 꾸는 것**에서 시작된다.

약하게 강조

소리를 작게 내도 강조가 된다. 중요하게 생각하는 부분을 톤을 낮춰 말하는 방법이다. 말하는 사람의 목소리가 갑자기 작아지면 딴생각을 하고 있던 사람들도 정신을 차리고 집중한다.

약한 강조는 절망, 실패, 좌절 같은 부정적인 이미지를 가진 단어들에 적용하면 더 효과적이다. 아래 예문의 굵게 표시된 부분을 작은 소리로 강조해서 읽어보자.

많은 사람들이 재능 부족보다 **결심 부족으로 실패합니다**.

그녀가 떠나자 세상이 **무너지는 것 같았습니다**.

계속된 실패로 **좌절감에 빠져들었습니다**.

속도에 의한 강조

속도를 의도적으로 변화시켜 의미를 강조하는 방법이다. 너무 빠르게 말하면 사람들은 긴장하거나 불안감을 느낀다. 너무 느리게 말하면 지루하거나 열의가 느껴지지 않을 수 있다. 그러므로 적절한 속도는 무척 중요하다. 속도만 적절하게 조절해도 훨씬 리듬감 있게 이야기할 수 있다. 아래의 진한 부분을 천천히 또박또박 발음하며 읽어보자.

유럽의 지붕이라 부르는 **스위스 융프라우**는 매력적인 여행지입니다.
IMF 총재 **크리스틴 라가르드**는 이렇게 말했습니다.
지난달 소비자 물가지수가 1년 전보다 **0.6%** 올라 7개월째 **3%**대를 유지했습니다.

포즈pause에 의한 강조

강조 방법 가운데 가장 중요한 기법이다. 앞에서 말한 '오바마의 51초의 침묵'을 잘 기억할 것이다. 포즈pause란 말을 잠시 멈추고 침묵하는 것을 말한다. 포즈 강조법은 앞뒤의 어휘나 문장이 담고 있는 의미를 강조할 때 사용한다.

짧은 포즈는 강조하고자 하는 단어 앞에서 살짝 쉬어줌으로써 내용을 더 강조할 수 있다. 긴 포즈는 사람들에게 질문을 하고 난 뒤나 주제를 전달하기 전후, 이야기를 마무리하기 전에 활용하면 효과적이다. 이런 경우 조금 길게 포즈를 둠으로써 사람들의 이목을 집중시켜 내용을 강조할 수 있다.

이야기를 하던 사람이 말을 잠시 멈추면 사람들은 '무슨 일이지?', '왜 말을 멈춘 거지?', '무슨 이야기를 하려는 걸까?' 하고 호기심에 집중한다. 딴청을 부리거나 주의가 흐트러진 사람들을 집중시키고 싶을 때 포즈를 활용해보자. 여유와 자신감이 느껴지는 모습을 보여줌으로써 사람들의 시선을 확실하게 사로잡을 수 있을 것이다. 아래의 문장을 포즈를 두고 읽어보자.

당신이 하고자 하는 모든 시작의 날은 – **오늘입니다.**

미래를 예측하는 최선의 방법은 – **미래를 창조하는 것입니다.**

당신이 할 수 있는 가장 큰 모험은 – – **당신이 꿈꾸는 삶을 사는 것입니다.**

마거릿 대처는 이렇게 말했습니다. – – **"습관을 조심해라, 운명이 된다."**

그가 정상에 오른 비결은 무엇일까요? – – – **바로 끈기입니다.**

내 비장의 무기는 손 안에 있습니다. – – – **그것은 희망입니다.**

말의 강약과 속도, 포즈에 의한 강조법을 적절히 활용하면 훨씬 생동감 넘치는 목소리를 만들 수 있다. 이들은 의미 전달의 효용성, 발음의 정확성, 깊은 울림을 주는 발성까지 영향을 미치기 때문에 세 가지 강조법을 다양하게 활용해보자.

리듬감 넘치는 스피치는 사람들을 집중하게 하고 설득력도 높인다. 예문을 통해 연습하고, 평소에도 강조법을 적용해 생동감 있게 이야기할 수 있도록 노력해보자.

반드시 녹음해서 확인하라

목소리 훈련을 할 때는 반드시 녹음이나 녹화를 해서 자신의 목소리를 다시 듣고 점검하는 시간을 가져야 한다. 처음에는 녹음된 목소리를 들어보면 무척이나 어색하고 이상하게 들린다. 내 목소리가 아닌 것 같고 내가 상상했던 소리가 아니라 놀라기도 한다. 다들 비슷한 경험을 갖고 있으니 너무 걱정하지는 말자. 목소리 훈련을 꾸준히 하다 보면 점점 듣기 좋은 목소리로 변하므로 녹음해서 듣는 시간이 즐거워질 것이다.

나는 보이스 트레이닝 강의를 할 때면 반드시 수강생들의 낭독 모습을 카메라로 촬영한 뒤 함께 화면을 보면서 피드백 시간을 갖는다. 낭독 목소리를 함께 들으며 발음이나 발성, 호흡을 체크하고, 말할 때 자세는 바른지, 한쪽으로 어깨가 기울어지지는 않는지, 눈썹이 한쪽만 올라가지는 않는지, 입 모양은 바른지 확인을 한다.

영상에 담긴 목소리를 듣고 화면을 보면 자신이 생각지도 못했던 좋지 않은 습관을 발견하게 된다. 면접이나 발표를 준비하는 사람들은 이 방법을 적극 활용하기 바란다.

효과적인 목소리 연습을 위해서는 영상 녹화를 하면 더욱 좋지만 처음에는 스마트폰이나 녹음기를 이용해 목소리만 녹음해 점검하는 것도 괜찮다. 그리고 혼자 듣고 점검하는 것보다는 주변 사람들에게 녹음된 목소리를 들려준 뒤 피드백을 받는 것이 더 효과적이라는 사실도 기억하자.

녹음된 내 목소리를 듣고 느낀 점

좋은 목소리를 만들기 위한
발성 훈련

목소리가 만들어지는 원리는 호흡에서 시작된다. 숨을 들이마시면 불룩해진 배로 들어간 공기가 폐에서 다시 빠져나오는데, 그 공기가 후두를 거쳐 성대를 지난다. 이때 성대 근육이 서로 부딪히고 진동하면서 소리를 만들어낸다.

성대는 2센티미터에 지나지 않는 작은 근육 조직으로 한 쌍의 띠 모양으로 되어 있다. 보통 때는 호흡을 위해 열려 있다가 말을 하면 닫히면서 소리를 만들어낸다. 성대는 진동수에 따라 목소리의 높낮이가 결정된다. 남성은 1초에 100~150회, 여성은 200~250회 진동한다. 목소리의 크기는 성대가 얼마나 열리느냐에 따라 정해진다. 성대를 밀고 나오는 공기의 압력이 클수록 성문좌우의 성대 사이이 넓어지고 진폭이 커지기 때문이다.

성문의 모양은 사람마다 다르다. 지문이 똑같은 사람이 없듯이 목소리 역시 비슷한 사람은 있어도 똑같은 사람은 없다. 성대에서 만들어진 공기 진동이 발성 기관, 인두, 비강, 구강을 통해 공명하면서 개개인의 고유한 목소리를 만들어내기 때문이다.

좋은 발성은 좋은 자세에서 나온다

좋은 발성을 위한 기본 자세부터 익혀보자. 거울 앞에 서서 허리를 펴고 두 발을 어깨 너비로 벌린다. 이때 허리와 등, 머리가 일직선이 되도록 만들어준다. 구부정한 자세에서는 발성 통로가 막혀 제대로 된 소리가 나올 수 없다. 턱은 살짝 당겨주고 눈은 전방 15~20도를 주시하며 발 앞쪽에 힘이 실릴 수 있도록 해주자.

앉아서 발성 연습을 할 때에도 등을 바르게 펴고, 연습하는 동안 바른 자세를 유지할 수 있도록 의식적으로 신경 쓰자. 서서 연습하면 앉았을 때보다 힘은 더 들지만 온몸의 힘을 이용할 수 있어 발성 연습에는 더 효과적이다.

좋은 목소리를 만들기 위해서는 입을 크게 벌려 말하는 습관을 들여야 한다. 웅얼거리는 듯한 부정확한 소리는 듣는 사람으로 하여금 쉽게 피로감을 느끼게 한다.

발음이 부정확한 사람들은 대부분 입을 작게 벌리고 말한다. 입을 작게 벌리면 성대에서 만들어진 공기가 울릴 수 있는 공명 공간이 좁아진다. 또한 혀가 움직일 수 있는 공간도 줄어들어 발음을 정확하게 할 수 없다.

거울을 보고 아~ 하고 입을 벌려보자. 손가락이 세 개 정도 들어갈 수 있는 너비가 적당하다. 혀를 입천장에 갖다대 보면 천장 뒤쪽으로 나비 모양처럼 부드럽게 만져지는 부분이 있다. 이 부분을 연구개라고 부른다. 연구개를 위로 들어 올린다는 느낌으로 입천장은 들어주고, 아래턱과 혀는 살짝 내려주자. 이렇게 하면 입안의 공간이 넓어져 울림을 만들 수 있는 충분한 공간이 만들어진다.

목소리가 좋은 사람들은 소리에 울림이 아주 많이 실려 있다. 오페라나 뮤지컬 배우들은 그들의 목소리로 무대를 가득 채운다. 목소리에 공명이 가득하기 때문에 크고 멋진 목소리 연기가 가능한 것이다. 공명이 가득한 소리를 내고 싶다면 지금부터 목 안쪽에 무지개를 띄운다고 생각하고 입을 크게 벌려 소리내보자. 평소에도 의식적으로 입을 크게 벌리고 말하는 것이 중요하다.

기본 입 벌리기 훈련

|

'ㅏ', 'ㅓ'로 시작하는 단어와 짧은 음절을 통해 입을 위아래로 크게 벌리는 연습을 해보자.

아이, 아들, 아버지, 아침, 아리랑, 아다지오

어항, 어머니, 어장, 어른, 어미, 어린이

하마, 하품, 하모니, 허들, 허니문

아이가 아장아장 걷는다.

아버지는 아침에 운동을 하신다.

사과나무에 사과가 열렸다.

어머니는 더블린으로 여행을 가셨다.

파란 하늘과 파란 바다가 아름답다.

신혼부부는 하와이로 허니문을 간다.

발성 연습

|

소리를 직접 내면서 발성 연습을 해 볼 차례다. 배 아래쪽부터 공기가 쭉 올라와 성대를 지난 뒤 입안에서 풍성한 울림을 만들어 소리

가 앞으로 쭉 뻗어나가게 해보자.

소리를 화살이라 상상하면서 둥근 포물선을 그리며 앞으로 나갈 수 있도록 소리 내보자. 이때 목이나 상체에 힘이 들어가면 안 된다. 긴장을 풀고 허리를 바르게 펴고 턱을 살짝 당겨주자. 눈은 조금 멀리 바라보고, 입을 위아래로 크게 벌린 상태에서 배를 쑥 집어넣으며 하아~ 하고 소리 내보자. 공기를 아랫배에서 위로 쭉 뽑아올리는 느낌으로 소리를 내면 된다.

1단계 – 공기 발성

코로 숨을 크게 들이쉬고, 하아~ 하고 공기를 내뱉어보자. 숨을 내쉴 때는 배가 안쪽으로 쑥 들어가야 한다.

*공기만 내보내는 '하아~' 발성 3회 반복

하아~

하아~

하아~

2단계 – 복식호흡 소리 발성

앞에서 배운 복식호흡을 하면서 소리를 내볼 차례다. 배가 부풀어 오르게 하면서 숨을 들이마신 뒤 내뱉는 호흡에 하아~~ 하면서 배를 쑥 집어넣는다. 그렇게 하면 공기가 먼저 조금 나오고 연이어 소리가 나오는데, 이것이 공기 반, 소리 반의 원리다.

*소리와 함께 내보내는 '하아~~' 발성 5회 반복

하아~~~
하아~~~
하아~~~
하아~~~
하아~~~

3단계 – 스타카토 발성

한 음절씩 끊어 소리를 내는 스타카토 발성을 해보자. 뱃심을 강화하는 훈련인데, 정확한 발음 연습도 동시에 할 수 있다. 입을 크게 벌리고 배를 쑥쑥 집어넣으면서 한 음절씩 또렷하고 정확한 발음으로 힘 있게 소리 내보자.

가-게-기-고-구
나-네-니-노-누
다-데-디-도-두
라-레-리-로-루

마-메-미-모-무

바-베-비-보-부

사-세-시-소-수

아-에-이-오-우

자-제-지-조-주

차-체-치-초-추

카-케-키-코-쿠

타-테-티-토-투

파-페-피-포-푸

하-헤-히-호-후

4단계 – 공명 발성법

심금을 울리는 가수들의 목소리, 호소력 있는 배우들의 목소리, 신뢰감을 주는 아나운서들의 목소리에는 공통점이 있다. 안정적인 톤과 목소리에 풍성한 울림이 있다는 것이다.

입술을 가볍게 붙이고, 입안에 커다란 사탕이 들어있다고 상상하면서 입 모양을 둥글게 만들어보자. 위아래 어금니를 떼고 혀는 살짝 아래로 내려간 상태가 된다. 이 모양을 유지하면서 음~~하고 소리내보자. 손을 입 주변에 대보면 코와 입에서 울림이 느껴질 것이다.

이번에는 입술 앞쪽에서 공기의 진동이 더 많이 생긴다는 생각으로 음~~ 하고 소리 내어보자. 복식호흡으로 배를 쑥 집어넣으면서 소리를 내야 한다는 것을 기억하자.

톤의 높낮이를 다양하게 해서 허밍을 해보자. 이때 목에 힘이 들어가지 않으면서 편안하고 자연스럽게 나오는 톤이 자신에게 가장 적합한 톤이다. 높은 음을 낼 때는 두성에서 울림이 많이 생기고 낮은 음일 때는 가슴 쪽에서 울림이 많이 생긴다. 다양한 톤으로 여러 번 반복해서 편안한 나만의 목소리 톤을 찾아보자.

가장 최적의 톤을 찾았다면 이번에는 조금 더 길게 음~~아~~~~~ 하고 소리를 내보자. 코끝과 입술 앞쪽에 가볍게 손을 대고 부드러운 진동이 느껴진다면 공명 발성이 잘 되고 있는 것이다.

*기본 공명 발성 3회 반복

음~~~ 아~~~~~

음~~~ 이아~~~~~

음~~~ 이에아~~~~~

음~~~ 이에아오우~~~~~

음~~~ 가게기고구 ~~~~

음~~~ 나네니노누 ~~~~

음~~~ 다데디도두 ~~~~

음~~~ 라레리로루 ~~~~

음~~~ 마메미모무 ~~~~

음~~~ 바베비보부 ~~~~

음~~~ 사세시소수 ~~~~

음~~~ 아에이오우 ~~~~

음~~~ 맘맘맘맘맘~~~~

음~~~ 몸몸몸몸몸~~~~

음~~~ 뭄뭄뭄뭄뭄~~~~

음~~~ 밈밈밈밈밈~~~~

음~~~ 멤멤멤멤멤~~~~

공명 발성법을 제대로 활용하면 숨어 있던 진짜 자신의 목소리 톤을 찾게 된다. 그동안 목소리 톤이 너무 높거나 낮아 고민이었다면 공명 발성을 꾸준히 연습해보자. 신뢰감을 주는 안정적인 톤과 부드럽게 감싸는 울림이 있는 목소리로 바뀔 것이다.

둥근 억양법

발성법을 통해 나만의 목소리 톤을 찾았다면 이제 부드러우면서도 프로페셔널한 말하기 방법인 둥근 억양법을 익힐 차례다. 독특하게 굳어진 억양이나 철부지 어린아이 같은 말투, 특히 사투리 때문에 고민이라면 둥근 억양 발성법에 따라 부드럽게 읽는 훈련을 반복해보자. 우선 다음 문장을 의미 단위로 끊어 읽어보자.

미래를 예측하는 최선의 방법은 미래를 창조하는 것이다.
사람을 강하게 만드는 것은 사람이 하는 일이 아니라 하고자 노력하는 것이다.
고대 그리스인들은 능력과 탁월함을 최대한 발휘하는 것을 행복으로 정의했다.

끊어 읽기는 다음과 같이 표시할 수 있다.

미래를 예측하는 / 최선의 방법은 / 미래를 창조하는 것이다.
사람을 강하게 만드는 것은 / 사람이 하는 일이 아니라 / 하고자 노력하는 것이다.
고대 그리스인들은 / 능력과 탁월함을 / 최대한 발휘하는 것을 / 행복으로 정의했다.

위 문장들의 끊어 읽기를 보면 세 개, 네 개의 의미 덩어리로 나

뉘어 있음을 알 수 있다. 문장을 소리 내어 읽을 때는 하나의 의미 덩어리를 한 호흡으로 읽어야 한다.

숨을 들이마시고 첫음절에서 소리를 낼 때 들이마셨던 공기가 포물선을 그리며 위로 솟구친다고 상상하면서 소리 내보자. 위로 올라갔던 소리는 부드러운 곡선을 그리며 둥글게 아래로 떨어지게 된다. 이렇게 공기의 둥근 흐름을 따라 소리를 내다 보면 세련되고 자연스러운 억양이 만들어진다.

이야기를 할 때에는 목소리 톤이나 성량뿐 아니라 억양에 의해서도 이미지가 크게 달라진다. 중요한 프레젠테이션에서 둥근 억양법으로 발표하면 훨씬 세련되고 전문가다운 모습으로 비쳐진다.

좋은 목소리를 만들기 위한
발음 훈련

커뮤니케이션의 달인으로 유명한 오바마 대통령은 장내를 쩌렁쩌렁 울리게 하는 풍성한 발성을 가지고 있는데 그의 목소리를 더욱 빛나게 만들어주는 것이 정확한 발음이다. 단어 하나하나 힘 주어서 또렷하게 발음하기 때문에 듣는 사람들도 편안하고 의미 전달도 정확하게 된다.

목소리 문제로 찾아오는 사람들의 대부분이 부정확한 발음으로 고민한다. 외국어도 아닌 우리나라 말인데도 왜 발음에 대한 고민을 안고 있는 것일까? 그렇다면 과연 나는 평소 정확하게 발음하고 있을까? 몇 가지 테스트를 통해 살펴보자. 다음 페이지의 진하게 표시된 단어들을 평소대로 발음해보자.

오늘은 날이 **맑다**

푸른 잔디를 **밟다**

닭이 새벽에 운다

감이 **떫다**

운동장이 **넓다**

무릎에 앉히다

낮 한때

헛웃음

올바른 발음은 다음과 같다.

막따 / 밥따 / 달기 / 떨따 / 널따 / 무르페 / 나탄 때 / 허두슴

우리말을 할 때는 우리말이기 때문에 특별히 신경 쓰지 않고 발음해도 의사소통에 별 문제가 없다. 하지만 중요한 프레젠테이션이나 회의, 비즈니스 미팅, 면접은 단순히 의사소통만을 위한 자리가 아니다. 전하고자 하는 내용을 정확하게 알리고 표현해야 하는 자리다. 이렇게 중요한 자리에서 정확하지 않은 발음으로 나쁜 이미지를 심어준다면 얼마나 안타까운 일인가.

한 번은 어떤 목사님이 찾아와 목소리에 대한 고민을 털어놓았

다. 목사님의 고민은, 발음이 정확하지 않다 보니 신자들에게 설교 내용이 잘 전달되지 않는다는 것이었다. 그 목사님의 부정확한 발음의 원인은 음가를 하나씩 또렷하게 내지 않고 뭉뚱그려 내기 때문이었다.

발음이 정확해지면 전달력은 절로 높아진다. 귀찮다는 이유로 정확하게 발음하지 않았던 발음 습관을 지금부터라도 고쳐보자. 훈련해서 안 되는 것은 없다. 정확한 발음으로 스마트하고 지적으로 보일 수 있다는 점은 분명 매력적인 요소로 작용할 것이다.

조음기관 풀기

발음을 정확하게 하기 위해서는 발음을 만드는 기관인 조음기관 곧 혀와 입술, 턱, 얼굴 근육을 충분히 풀어주어 자유자재로 움직일 수 있어야 한다. 조음기관을 많이 움직이면 발음은 그만큼 좋아진다. 그런데 많은 사람들이 귀찮다는 이유로 입술이나 혀를 많이 움직이지 않는다. 적게 움직이고 편하게만 발음하려고 하면 당연히 발음은 정확해지지 않는다.

조음기관 푸는 요령

1단계 : 혀로 잇몸 바깥쪽을 원을 그리면서 오른쪽으로 다섯 번, 왼쪽
　　　으로 다섯 번씩 돌려준다.

2단계 : 혀를 접었다 폈다 하면서 혀의 움직임을 부드럽게 만들어준다.

3단계 : 위아래 입술을 이용해 푸르르르~ 하고 떨면서 입술을 풀어
　　　준다.

4단계 : 똑딱똑딱 소리를 내면서 혀를 입천장에 부딪쳐준다.(10회 반복)

5단계 : 양손으로 볼과 턱 근육을 마사지해 준다.

*조음기관이 충분히 풀릴 때까지 각 단계를 여러 번 반복해주자.

비즈니스 회의나 미팅, 프레젠테이션, 면접처럼 긴장된 상황에서는 발음이 꼬이거나 더듬거리는 실수를 많이 한다. 미리 조음기관을 풀어 근육의 긴장을 이완시켜 주자. 조음기관을 풀 때는 조금 흉하게 보이더라도 충분히 풀어줘야 한다. 충분히 풀어준 만큼 말하기는 수월해진다.

모음 발음 훈련

표준어 구사는 정확한 발음을 하는 데 있어 무척 중요하다. 부정확

하고 표준어에 맞지 않는 발음을 구사한다면 나이와 직업을 떠나 지적인 이미지를 주기 어렵다. 앞으로 소개할 표준 발음법으로 정확한 발음을 익힌다면 여러분의 이미지는 더욱 스마트하고 세련되게 빛날 것이다.

표준어 모음

표준어 모음은 모두 21개다.

ㅏ, ㅐ, ㅓ, ㅔ, ㅗ, ㅚ, ㅜ, ㅟ, ㅡ, ㅣ는 단모음으로 발음하고, ㅑ, ㅒ, ㅕ, ㅖ, ㅘ, ㅙ, ㅛ, ㅝ, ㅞ, ㅠ, ㅢ는 이중모음으로 발음한다.
*표준 발음법에서 ㅚ, ㅟ는 이중모음으로 발음할 수 있다.

단모음은 처음부터 입술 모양이 변하지 않는 발음이며, 이중모음은 두 개의 모음이 합쳐졌기 때문에 입 모양이 바뀌면서 발음되는 모음이다. 모음은 입술 모양을 어떻게 하느냐에 따라 발음의 정확성이 달라진다. 입이 벌어지는 정도에 따라 음가가 결정되는데, 혀와 입술을 부지런히 움직여야 발음이 정확해진다.

　아 : 턱을 아래로 당긴다는 느낌으로 입을 위아래로 벌린다. 혀끝은 아랫니의 잇몸 아래쪽에 닿게 한다.
　오 : 입술을 동그랗게 만들어 앞으로 내민 뒤 동그라미 모양을 만들어

발음한다.

우 : '오'자 발음보다 입술을 앞으로 더 내밀어 원을 만들고, 아랫니와

윗니 사이가 좁게 벌어진 상태에서 발음한다.

으 : 입 모양을 가로로 벌리고 입술과 이는 약간만 떼운다.

이 : '으'보다 입모양을 양 옆으로 더 당긴다.

에 : '이' 발음보다 입을 위아래로 조금 더 벌린 상태에서 발음한다.

애 : '에' 발음보다 입술과 이를 위아래로 더 크게 벌린다.

'ㅔ', 'ㅐ', 'ㅖ' 발음 구별하기

'ㅔ'와 'ㅐ'는 입을 벌리는 정도에서 차이가 난다. 'ㅔ'는 혀끝
이 아랫니 안쪽 잇몸에 닿게 하고, 입의 크기는 손가락 하나를 무는
정도로 약간만 벌리면서 소리 낸다.

'ㅔ' 발음보다 입을 위아래로 조금 더 크게 벌리고 내는 소리가
'ㅐ'다. 'ㅖ'는 '이+에'를 빠르게 이어 발음한다고 생각하면 된다.
다음 단어를 크게 소리 내어 읽어보자.

에너지, 에어컨, 베개, 세면대, 체면, 에누리

애국심, 냉장고, 평행, 대교, 생수, 행진

예약, 예절, 차례, 예술, 실례

*예, 례 이외의 ㅖ는 ㅔ로도 발음한다.

지혜〔지혜/지헤〕 시계〔시계/시게〕 혜택〔혜택/헤택〕 개폐〔개폐/개페〕
연계〔연계/연게〕

'ㅓ'와 'ㅡ' 발음 구별하기

흔히 사투리를 쓰는 사람들이 'ㅓ' 발음을 'ㅡ'로 하는 경우가 많
다. 두 모음의 차이는 입이 벌어지는 정도가 다른데, 'ㅓ'를 발음할
때는 입천장은 위로 들고, 혀의 끝부분이 아랫니 잇몸 아래쪽에 있
게 한 채 턱을 아래로 당겨 발음한다.

'ㅡ'를 발음할 때는 입을 위아래로는 조금만 벌리고 혀의 끝부분
이 아랫니 바로 아래쪽에 있게 한 뒤 양옆으로 입술을 평평한 상태
로 만든다.

발음이 잘 안 될 경우 젓가락을 입에 물고 연습해보자. 젓가락을
물고 연습하면 입술과 혀에 가해지는 힘이 강해져 발음이 정확해진
다. 발음이란 습관에 의해 굳어진 경우가 대부분이므로 완벽하게
내 것이 될 때까지 연습을 많이 해야 한다. 아래 글자와 단어를 소
리 내어 읽어보자.

거, 너, 더, 러, 머, 버, 서, 어, 저, 처, 커, 터, 퍼, 허

그, 느, 드, 르, 므, 브, 스, 으, 즈, 츠, 크, 트, 프, 흐

거리, 어머니, 버릇, 건강, 건너편, 정수리, 번영, 허수아비

그물, 드럼, 으뜸, 트럭, 증거, 크림, 흔적, 그을음, 끝으로

썰다, 쓸다

털다, 틀다

'괴'와 '귀' 발음 구별하기

'괴'와 '귀'는 표준 발음법에서 단모음으로 구분하지만 이중 모음으로 발음 할 수도 있다. '괴'는 'ㅔ'를 발음할 때의 혀의 위치에서 입 모양을 'ㅗ'로 만들면서 나는 소리다. 마찬가지로 '귀'는 'ㅣ'를 발음할 때의 혀의 위치에서 입 모양을 'ㅜ'로 만들면서 나는 소리다.

외식, 외국어, 두뇌, 되새김, 열쇠, 최고, 회식, 외출, 횡단보도

위치, 위상, 뷔페, 휘발유, 쉼표, 윗사람, 윗층, 뛰어가다

'과'와 '궈' 발음 구별하기

'과'와 '궈'는 이중 모음으로 발음하며 단모음으로 발음하지 않도록 주의해야 한다. '과'는 'ㅗ'와 'ㅏ' 발음을 연이어 빠르게 발음하고, '궈' 역시 'ㅜ'와 'ㅓ'의 입 모양에 신경 쓰면서 두 모음을

연이어 빠르게 발음한다. 입모양을 재빠르게 움직여 이중모음이 정확하게 소리날 수 있도록 연습하자.

과제, 좌우, 와인, 화학, 정확, 완벽, 완성, 광고, 영화, 문화, 교과서

원인, 오월, 월요일, 권고, 권장, 원두막, 동물원

'왜' 와 '웨' 발음 구별하기

'왜' 는 'ㅗ' 와 'ㅐ' 를 동시에 발음하고, '웨' 는 'ㅜ' 와 'ㅔ' 를 동시에 발음한다. 입술과 혀의 움직임을 빠르게 해서 정확한 발음을 만든다.

돼:지, 쇄:신, 왜곡, 쾌유, 쇄:골, 왜소하다

궤:도, 궤:적, 췌:장, 훼:손, 퀭하다

'의' 는 세 가지로 발음할 수 있다.

첫 음절에 오는 '의' 는 이중모음 'ㅢ' 로 발음한다.

의사, 의학, 의술, 의자, 의복, 의견, 의심하다, 의젓하다

첫음절 이외의 '의' 는 'ㅣ' 로 발음할 수 있다.

회의[회이], 주의[주이], 협의[협이], 무늬[무니], 모의고사[모이고사]

조사 '의' 는 'ㅔ' 로 발음할 수 있다.

국민의〔국민의/국민에〕 영화의〔영화의/영화에〕 우리의〔우리의/우리에〕

강의의 : 원칙-〔강:의의〕, 허용〔강:이의 / 강:이에〕

우리나라 말에는 장음이 있는데 단어의 첫음절에서만 긴소리가 나타나는 것을 원칙으로 한다. 장음은 대:통령, 병:원, 보:도, 장:관, 세:계, 현:대, 검:찰, 문:제 등 수없이 많다. 이러한 장음을 일일이 다 외우는 것은 굉장히 어렵기 때문에 평소 사전을 옆에 두고 장음을 표시해서 읽는 연습을 통해 자연스럽게 익히는 것이 좋다.

장음을 살려 발음하면 말이 훨씬 품위 있고 세련되게 들린다. 평소 말의 속도가 빠른 사람이라면 낭독 연습을 할 때 장음을 표시해서 지켜가며 연습해보자. 말의 속도가 훨씬 여유로워져 지적이고 세련된 이미지를 줄 수 있다.

숫자의 장음

0부터 9까지의 수에서 장음은 2, 4, 5이며 나머지는 모두 단음이다. 십, 백, 천, 만, 억, 조에서는 '만'이 장음이고 나머지는 단음이다. 하나, 둘, 셋, 넷, 다섯, 여섯, 일곱, 여덟, 아홉, 열에서는 둘, 셋, 넷, 열이 장음이고 나머지는 단음이다.

2, 4, 5 // 둘, 셋, 넷 // 열, 만

자음 발음 훈련

표준어 자음은 모두 19개다.

ㄱㄲㄴㄷㄸㄹㅁㅂㅃㅅㅆㅇㅈㅉㅊㅋㅌㅍㅎ 각각의 자음은 혀의 위치에 따라 정확한 발음이 만들어진다. 'ㅁ,ㅂ,ㅃ,ㅍ'은 두 입술이 붙었다 떨어지면서 소리가 나고, 'ㄴ,ㄷ,ㄸ,ㄹ,ㅅ,ㅆ,ㅌ'은 혀끝이 윗니 뒤쪽이나 윗잇몸 쪽에 닿으면서 나는 소리다. 'ㅈ,ㅉ,ㅊ'은 혀의 앞부분이 경구개에 닿으며, 'ㄱ,ㄲ,ㅋ,ㅇ'은 혀의 뒷부분이 연구개에 닿아 소리가 난다. 마지막으로 'ㅎ'은 혀의 앞 끝 쪽이 아랫니에 위치하며 목구멍 쪽에서 나는 소리다. 평소 잘 안 되는 자음 발음이 있다면 혀의 위치를 정확하게 파악해 연습하는 것이 중요하다.

'ㄱ' 발음 집중 훈련(입 뒤쪽으로 혀 위치 이동하기)

혀뿌리를 입천장에서 가장 부드러운 부분인 연구개 뒤쪽에 붙였다가 떼는데, 공기를 막았다가 터트리면서 발음이 만들어진다. 혀 끝부분은 아랫니 안쪽 잇몸에 가서 붙는다.

가위, 가구, 가수, 가게, 건강, 거위, 고수, 고향, 국어, 국사, 교육

'□ㅂㅃㅍ' 발음 집중 훈련

ㅁ, ㅂ, ㅃ, ㅍ은 위아래 입술이 서로 부딪히면서 소리가 난다.

무릎, 무적, 무대, 무술, 무패, 바람, 바다, 보리, 부자, 방학, 빠르다,
뿌옇다, 뻔뻔하다, 파도, 포상, 평등, 파랗다, 폐막

'ㅅ' 발음 집중 훈련

'ㅅ'은 정확하게 발음하기 까다로운 자음 중 하나다. 시, 샤, 셔,
쇼, 슈의 'ㅅ'은 혀의 양쪽이 입천장의 딱딱한 부분인 경구개에 닿
으면서 소리가 나고, 사, 서, 소, 수의 'ㅅ'은 혀끝이 아랫니 안쪽에
닿으면서 소리가 난다.

• 시, 샤 , 셔 ,쇼, 슈
시골, 시장, 샴페인, 샹송, 셔츠, 쇼핑, 쇼맨십, 슈퍼맨

• 사, 서, 소, 수
사위, 사랑, 산수, 상상, 서명, 설명, 소수, 수영, 수증기, 수박, 생각,
시골, 새우, 세계, 세재, 세수, 세면대, 수수방관, 소수정예, 수영선수

발성표

	ㅏ	ㅑ	ㅓ	ㅕ	ㅗ	ㅛ	ㅜ	ㅠ	ㅡ	ㅣ	ㅔ	ㅐ	ㅚ	ㅟ
ㄱ	가	갸	거	겨	고	교	구	규	그	기	게	개	괴	귀
ㄴ	나	냐	너	녀	노	뇨	누	뉴	느	니	네	내	뇌	뉘
ㄷ	다	댜	더	뎌	도	됴	두	듀	드	디	데	대	되	뒤
ㄹ	라	랴	러	려	로	료	루	류	르	리	레	래	뢰	뤼
ㅁ	마	먀	머	며	모	묘	무	뮤	므	미	메	매	뫼	뮈
ㅂ	바	뱌	버	벼	보	뵤	부	뷰	브	비	베	배	뵈	뷔
ㅅ	사	샤	서	셔	소	쇼	수	슈	스	시	세	새	쇠	쉬
ㅇ	아	야	어	여	오	요	우	유	으	이	에	애	외	위
ㅈ	자	쟈	저	져	조	죠	주	쥬	즈	지	제	재	죄	쥐
ㅊ	차	챠	처	쳐	초	쵸	추	츄	츠	치	체	채	최	취
ㅋ	카	캬	커	켜	코	쿄	쿠	큐	크	키	케	캐	쾨	퀴
ㅌ	타	탸	터	텨	토	툐	투	튜	트	티	테	태	퇴	튀
ㅍ	파	퍄	퍼	펴	포	표	푸	퓨	프	피	페	패	푀	퓌
ㅎ	하	햐	허	혀	호	효	후	휴	흐	히	헤	해	회	휘

발성표 훈련 방법

- 한 음가씩 또렷하게 발음해보자.

- 정확하게 발음할 수 있도록 입술과 혀를 부지런히 움직이자.

- 충분히 연습한 뒤 속도를 높여 빠르고 정확하게 읽어보자.

- 위에서 아래로, 좌우 또는 대각선으로 다양하게 읽어보자.

받침 발음 훈련

|

ㄴ, ㄷ, ㄹ, ㅁ, ㅂ 받침을 제대로 하지 않는 경우 발음이 뭉개지는 현상이 벌어진다. 일상생활에서 자주 쓰이는 받침 발음은 다음과 같다. 자주 소리 내어 읽어보자.

굳이〔구지〕 미닫이〔미다지〕 밭이〔바치〕 담력〔담:녁〕 침략〔침냑〕 강릉〔강능〕 항로〔항:노〕 대통령〔대:통녕〕 협력〔혐녁〕 십리〔심니〕 난로〔날:로〕 신라〔실라〕 천리〔철리〕 광한루〔광할루〕 대관령〔대:괄령〕 칼날〔칼랄〕 물난리〔물랄리〕 줄넘기〔줄럼끼〕 생산량〔생산냥〕 결단력〔결딴녁〕 공권력〔공꿘녁〕 동원령〔동:원녕〕 상견례〔상견녜〕 입원료〔이붠뇨〕 횡단로〔횡단노〕 국밥〔국빱〕 깎다〔깍따〕 닭장〔닥짱〕 꽂고〔꼳꼬〕 꽃다발〔꼳따발〕 옆집〔엽찝〕 읊조리다〔읍쪼리다〕 값지다〔갑찌다〕 신고〔신꼬〕 앉고〔안꼬〕 닭고〔닥:꼬〕 젊지〔점:찌〕

어려운 단어 발음 훈련

|

기본적인 발음에 관해 훈련이 충분히 되었다면 어려운 발음 훈련을 해보자. 특히 ㄴ, ㄷ, ㄹ, ㅁ, ㅂ 받침이 들어간 글자의 경우 발음이 뭉개지지 않도록 주의하자.

복식호흡으로 강해진 배의 힘을 활용해 입을 위아래로 가능한 많이 벌리고 큰 소리로 정확하게 발음하면서 문장을 읽어보자. 처음에는 천천히 또박또박 읽고 나중에는 빠른 속도로 여러 번 읽어보자. 빠른 속도에서도 틀리지 않고 정확하게 발음하는 것을 목표로 한다.

봄 꿀밤 딴 꿀밤 가을 꿀밤 안 딴 꿀밤

이 행사는 삼성생명 협찬입니다.

들의 콩깍지는 깐 콩깍지인가 안 깐 콩깍지인가.

앞뜰에 있는 말뚝이 말 맬 말뚝이냐 말 안 맬 말뚝이냐

상표 붙인 큰 깡통은 깐 깡통인가? 안 깐 깡통인가?

검찰청 창살은 새 쇠 창살이고 중앙청 창살은 헌 쇠 창살이다.

옆집 팥죽은 붉은팥 팥죽이고, 뒷집 콩죽은 검은콩 콩죽이다.

간장 공장 공장장은 강 공장장이고, 된장 공장 공장장은 공 공장장이다.

작년 솥 장수는 새 솥 장수이고, 금년 솥 장수는 헌 솥 장수이다.

저기 저 분은 박 법학박사이고, 여기 이 분은 백 법학박사이다.

이번 실험 확률 분포표에 따르면 건표고 버섯은 맛감각 신경 활성화(황눌)에 탁월한 효:과가 있는 것으로 밝혀졌다.(밝켜졌따)

그 의사는 매일 오:후 여의도에서 의회 민주주의의(민주주의에) 의:의(의:이)에 관한 책과 허준의 동의보감을 주:의(주:이) 깊게(깁께) 읽는다.(잉는다)

뉴스 기사를 통한 발음 훈련

좋은 목소리를 위한 호흡과 발성, 발음을 종합적으로 연습할 수 있는 방법은 낭독이다. 다양한 읽을거리 가운데에서도 특히 뉴스 기사 활용을 적극 추천한다.

뉴스를 통해 읽기 연습을 하면 숫자나 지명, 이름 등 평소 자주 발음하지 않던 단어들이나 발음하기 어려운 단어들이 많이 나온다. 또 문장 하나가 긴 편이어서 끊어 읽기와 호흡 조절이 잘 되어야 하므로 종합적이고 강도 높은 목소리 훈련이 가능하다. 면접을 준비하는 취업 준비생이나 예비 방송인들에게는 최신 시사 상식까지 익힐 수 있는 좋은 훈련 방법이므로 지금부터 신문이나 뉴스기사를 소리 내어 읽는 연습을 해보자. 뜻밖에도 발음이 수월하게 되지 않아 술술 읽어 나가기가 쉽지 않다는 것을 알 수 있을 것이다. 처음부터 너무 욕심내지 말고 의미를 파악하면서 천천히 여러 차례 읽어보자.

뉴스는 무엇보다 신뢰감 있게 전달하는 것이 중요하다. 그러므로 오독 없이 정확한 발음으로 읽어야 한다. 아나운서가 되었다고 상상하면서 다음 뉴스 기사를 소리 내어 읽어보자.

주택 시장 침체가 이어지면서 지난달 공동주택 분양실적이 크게 줄

어든 것으로 나타났습니다. 국토해양부는 5월 공동주택 분양가구 수
는 전국에서 1만5천여 가구였으며, 이 가운데 수도권이 1만여 가구를
차지했다고 밝혔습니다. 이는 최근 3년간 같은 기간과 비교해 전국은
44%, 수도권은 37%가 각각 감소한 물량입니다.

뉴스를 읽어보니 어떤가? 생각보다 쉽지 않았을 것이다. 나도 10
년 정도 방송을 하고, 뉴스 읽기를 가르치면서 뉴스 리딩을 해오고
있지만, 하면 할수록 어렵게 느껴지는 것이 뉴스다. 그렇다고 지레
겁먹을 필요는 없다. 앞으로 소개할 기사 낭독 방법을 하나씩 적용
해 연습하다 보면 은근히 뉴스 읽는 재미에 빠지게 될 것이다. 이번
에는 의미 덩어리 별로 끊어 읽기를 표시 한 뒤 다시 읽어보자.

주택 시:장 침체가 이어지면서 / 지난달 공:동주택 분양실적이^{실쩍} / 크
게 줄:어든 것으로 나타났습니다. 국토해양부는 / 5:월 공:동주택
분양가구 수는 / 전국적으로 1만:5:천여 가구였으며, / 이 가운데
수도권이^{수도꿘} / 1만:여 가구를 차지했다고 밝혔습니다. 이는 최:근 3년간
같은 기간과 비교해 / 전국은 4:4%, / 수도권은 37%가 각각 감:소한
물량입니다.

뉴스를 읽을 때 끊어 읽기를 너무 자주 하면 호흡이 짧게 끊어지

면서 부자연스럽게 들린다. 이 때문에 의미가 제대로 전달되지 않을 수 있다. 내용을 정확하게 파악하고, 의미 단위로 끊어 읽기가 될 수 있도록 주의해야 한다.

끊어 읽기가 표시된 곳까지를 하나의 의미 덩어리로 생각하면서 한 덩어리가 둥근 포물선을 그리듯 읽어나가자. 전체적으로 말하듯이, 둥근 의미 덩어리를 자연스럽게 연결하듯이 읽어나가야 부드러우면서도 정확한 내용 전달이 가능하다. 다음 뉴스 기사를 통해 다시 한 번 연습해보자.

기준 금리가 오르면서 시중은행들의 이자수익이 늘어나고 있는 것으로 집계됐습니다. 시중은행들의 실적 공시에 따르면 4대 은행의 1분기 이자 이익은 5조 4천 400억 원으로 지난해 같은 기간에 비해 5천 800억 원, 12% 증가했습니다. 은행별로 따지면 신한 은행의 이자 이익이 전년 동기 대비 14% 늘어나며 가장 가파른 증가세를 보였고, 하나와 국민, 우리 은행이 뒤를 이었습니다.

기준 금리가 오르면서 / 시:중은행들의 이:자수익이 / 늘어나고 있는
〔금니〕
것으로 집계됐습니다. / 시:중은행들의 실적공시에 따르면 / 4:대 은
〔실쩍〕
행의 1분기 이:자 이익은 / 5:조 4:천 4:00억 원으로 / 지난해 같은 기간에 비해 5:천 800억 원, / 12% 증가했습니다. 은행별로 따지면 / 신

한 은행의 이:자 이익이 / 전년 동기 대비 14% 늘어나며 / 가장 가파른 증가세를 보였고, / 하나와 국민, 우리 은행이 그 뒤:를 이었습니다.

기사 하나를 완벽하게 읽어 나갈 때까지 반복해서 연습하자. 꾸준히 연습하다 보면 미리 읽어보지 않은 글도 오독 없이 읽어 내려갈 수 있다. 이를 '무 예독 훈련'이라 하는데, 고난도 훈련이기 때문에 이를 목표로 삼고 꾸준히 낭독 연습을 해보자.

현장에서 바로 써 먹을 수 있는
실전 훈련

발성과 발음 훈련을 통해 윤기 있고 매력적인 목소리 훈련 방법을 모두 익혔다면 이제 다양한 원고를 통한 심화 훈련을 할 차례다.

앞에서 강조했듯이 목소리를 단련하고 생활 속에서 자연스럽게 적용하기 위한 가장 효과적인 훈련 방법은 낭독이다. 영어 공부를 할 때도 단어의 강세와 리듬을 살려 말해야 한다고 배웠지만 책이 뚫어져라 쳐다보기만 한다면 무슨 소용이 있겠는가? 직접 소리 내어 읽고 온몸으로 체득해야 진짜 내 것이 된다.

목소리 훈련 역시 마찬가지다. 복식호흡으로 폐활량을 늘리고, 안정된 톤과 부드러운 공명을 활용해 정확하게 발음하는 것을 기본

기로 열심히 연습했다면 긴 문장과 다양한 원고를 낭독하는 훈련이 필요하다.

소리 내어 연습해 보아야 자신이 원하는 목소리를 갖게 된다. 평소 읽는 책이나 신문을 활용하면 좋은데, 스스로에게 영감을 주고 동기부여가 되는 내용을 활용하면 더 좋다. 목소리 훈련을 넘어 마음과 의식의 변화를 함께 느끼게 하므로 일석이조다.

이 책에는 쉽게 이미지를 떠올려 감정이입을 통한 읽기 훈련이 될 수 있는 다양한 원고를 실었다. 뉴스 원고를 읽을 때는 지적이면서 신뢰감을 주는 아나운서가 되었다고 상상하면서 또박또박 정확한 발음으로 읽어보자.

교양 프로그램 MC는 부드럽고 따뜻한 음성으로 내용을 전달해야 하는데, 밝은 미소를 짓는 것이 포인트다. 리포터 멘트는 현장의 느낌을 충분히 살리면서 생동감 있게 전달해야 하며, 짧은 시간 안에 정확한 발음으로 정보를 전달해야하는 교통 캐스터 그리고 감미로우면서도 차분한 느낌의 DJ, 부드러운 목소리로 감정을 살려 읽어야 하는 내레이션, 낭랑한 목소리로 시시각각 변하는 일기예보를 전달하는 기상 캐스터 멘트까지 장르를 넘나들면서 내가 각각의 역할이 되었다고 상상하며 다양하게 연습해보자.

원고 낭독 방법

- 먼저 눈으로 읽어 내용을 파악한다.

- 가볍게 소리 내어 읽어본다.

- 발음이 정확하지 않은 단어를 체크해 따로 반복 연습한다.

- 의미 별로 끊어 읽을 부분을 표시한다.

- 소리 내어 읽는다.

- 원고에서 진하게 표시된 글자는 앞에서 배운 세 가지 강조법(강약, 속도, 포즈)을 적용해 생동감 있게 읽어본다.

뉴스 아나운서

|

Point : 정확하고 또렷한 발음, 신뢰감을 주는 목소리로 읽어보자.

직쩐에/직쩐의
폐:차 직전의 허름한 차로 **고:의 사:고**를 일으킨 뒤: 거:액의 보:험금을
일땅이   지:닙
챙긴 일당이 경:찰에 붙잡혔습니다. / 주로 도:로 합류지점에서 진:입하
수뻡
는 차량을 노려 **일:부러 추돌하는 수법**을 썼습니다. 방준원 기자가 보:도
합니다.

가쩜
최:근 주택 청약시:장에서 **분양 자격**을 얻:거나 가점을 높이기 위해 / 필

요에 따라 **위장 이:혼, 재:혼**을 반:복하는 사:례가 있을 수 있다는 지적이 나옵니다. / 정부가 대:책 마련에 나섭니다. 김나나 기자가 보:도합니다.

스타벅스가 오는 2020년까지 / 전 세:계 매:장에서 **플라스틱 빨대**를
^{빨때}
없:애기로 했습니다. / 플라스틱 빨대가 **해:양 생물**에게 **치:명적인 위험**을
^{업:쎄기}
주는 등 / **환경 파:괴의 주범**이라는 비:판 여:론을 받아들인 것으로 보입니다. / 로스앤젤레스 최동혁 특파원의 보:도입니다.

교양 프로그램 MC

|

Point : 친근하고 밝은 목소리로 원고를 낭독해보자.

안녕하세요, VJ특공대 ○○○입니다. / 세:계적인 레스토랑 평가지 미슐
^{평까지}
랭이 세계 **최:고의 미:식 도시**로 도쿄를 꼽았습니다. / 그래서인지 한 여행사에서는 / 도쿄의 소:문난 레스토랑을 여행하는 **미:식 테마 코스**를 만들기도 했는데요, // 도쿄로 떠나는 **미:식 여행** 지금 바로 출발합니다.

요즘 인공지능, 빅데이터, 디지털시대 하면서 / 세:상이 **아찔하게 변:하고**
있습니다. / 반:면에 우리에게 친숙한 기술들은 / 아쉽게도 **빨리빨리 사**
^{친수칸}

라지고 있는데요, // 하지만 이런 **변:화** 속에서도 남들보다 조금은 **느린**
삶:을 선:택한 사람들이 있습니다. / **천:천히** 자신의 길을 걸:으면서 **기다**
림의 가치를 일깨워주는 사:람들을 VJ특공대에서 만나봤습니다.

본격쩌긴
본격적인 더위가 찾아오면 간:절히 생각나는 게 있죠? / 한 그릇 해:치
뚫리는
우면 속이 뻥:하게 뚫리는 **시원한 냉:요리**인데요. / 살얼음이 아삭아삭 씹
히는 김치말이 국수에 / 새콤달콤한 초계국수 하나면 / 올 여름 **무더위**도
거뜬히 이길 수 있겠죠. / 돌아온 여름, 더위를 책임질 **냉:요리**의 세:계
VJ카메라에 담았습니다.

요즘 같은 저출산 시대에 / 아주 바람직한 **다둥이** 히어로 가족이 돌아옵
바람지칸
니다. / 엄마, 아빠부터 세:명의 아이들까지. **특별한 능력으로 또 한 번**
세:상을 구:한다고 하는데요. / 14년 만에 속편으로 돌아와 / 새로운 히
어로 애니메이션의 시:작을 알리는 영화, // 「인크레더블 2」 입니다.

의:의의/의:외에 목격짜
치밀한 계:획, 의:외의 목격자. / 그리고 잘 감춰진 비:밀. // 범:죄 스릴
러 영화의 **긴장감**을 좌:우하는 **중:요한** 장치가 아닐까 싶은데요. 이 모:
영니하게
든 걸 아주 영리하게 이:용하는 작품이 찾아옵니다. / **조지 클루니** 감독
의 여섯 번째 연:출작이자, / **맷 데이먼과 줄리안 무어**가 함께 한 영화 //
「서버비콘」 입니다.

더위를 날려버리는 시원한 무대로 열린 음악회 시:작했습니다. / 반갑습
니다, ○○○입니다. / 오늘 열린 음악회는요, 여름을 맞아서 준:비해봤
는데요. / 여름하면 아마 많:은 분들이 가장 먼저 / '여름휴가', 여행 떠
나는 것 생각하실 것 같습니다. / 무더위에 지:쳐 있을 때 떠나는 여행은
달콤한 휴식이 될 텐데요. / 오늘 열린 음악회와 함께 하시면서 여름에
떠나는 여행 기분, 잠:시나마 느껴보셨으면 좋겠습니다. / 그럼 계:속해
서 이 여름과 정:말 잘 어울리는 그룹, // **트와이스**의 무대 다시 이어가겠
습니다. 박수 부탁드립니다!

안녕하세요, 생로병사의 비:밀 ○○○입니다. / 신년을 맞아 생로병사의
비:밀에서 준:비한 **당 줄이기** 프로젝트 2:부작. / 지난주에 이어서 오늘
은 / **건:강하게** 당을 줄이는 법에 대해서 알아봅니다. 마트 진:열대에 가
면 / 탄산음료부터 과일주스, 커피, 발효음료까지 다양한 음료들이 있지
요. / 우리가 당분을 과:도하게 섭취하게 되는 **가장 큰** 이:유가 / 바로 이
설탕이 들어간 가당 음료수 때문입니다. / 그렇다면 이런 가당 음료수들
을 별로 좋:아하지 않고 / 단 군것질도 별로 즐기지 않는 분들은 / **당 섭
취량**에 대해서 안심해도 괜찮은걸까요? / 그럼 지금부터 자세히 알아보
겠습니다.

현장 리포터

Point : 현장감이 느껴지는 생생한 목소리로 밝고 경쾌하게 낭독해보자.

날씨가 추워지고 겨울이 깊어져갈수록(기퍼져갈수록) / 뜨끈한 국물(궁물)이 간:절해지는데요~ / 떨어진 식욕도 돋우고(도두고) / 추위도 잡는 **한 그릇의 유혹!** / 매서운 겨울바람도 꼼짝 못하게 한다는 따끈따끈한 **탕: 요리**의 세:계! / 지금부터 그 첫 번째 맛을 소개합니다!

건:강을 지키는 방법에도 트렌드가 있기 마련이죠. / 한동안 좋:은 음식, / 여유로운 생활을 통한 **웰빙**이 대:세였는데요. / 요즘엔 바로 이것 힐링이 대:세입니다(대:셉니다). / '힐링'의 뜻은 치유인데요. / 왜 지금 힐링 열풍이 불고 / 또 진정한 힐링은 어떻게 하는 걸까요? / 그 궁금증(궁금쯩), 지금 풀어봅니다.

치솟는 물가(물까)에 한 푼이 아쉬운 요즘. / 돈:은 아끼고 싶은데 품:질과 개:성은 포:기할 수 없는 **알뜰 족**들의 화두, / 바로 **'셀프'** 입니다. / 흔히 셀프 주유소, 셀프 세:차장 정도 떠올리시겠지만 / 이젠 **전문가 영역**까지 셀프가 있을 만큼 / 그 종류도 아주 다양한데요. / 소비자 알뜰백서의 필수! / **셀프의 세:계**로 안:내합니다.

DJ 멘트

Point : 부드럽고 감미로운 목소리로 차분하게 소리 내어 읽어보자.

안녕하세요, 음악이 있는 풍경 아나운서 김규비입니다. 우리는 늘 뭔가를 채우면서 살:죠. / 먹을 걸 채우고, 일:을 채우고, 계:획들을 채우고. / 또 꿈을, 희망을 채우고요. / 그리고 정말 **중:요한** 게 하나 있죠. / 진짜 중:요한 데 우리가 종종 잊고 사는, 바로 **쉼:**을 채우는 겁니다. / 어느 작가는 한걸음 더 나아가서 '나:태함을 충전하는 시간'이라는 표현까지 썼는데요. / 그러게요. 요즘같이 바쁜 세:상에서는 / 가끔은 쉼:을 넘어서서, / 좀 뒹굴뒹굴, 마냥 늘어져도 좋을 게으름을 채워도 좋을 것 같아요.//

아직은 게을러도 좋을 일요일 11시. / 이렇게 방에서 혼자 뒹굴뒹굴, 쉼:을 채우는 시간에 영화만큼 좋은 짝꿍도 없을 겁니다. / **느긋하게** 영화 한 편 보시고요, 영화 음악도 함께 들어요. / 일요일 첫 곡은요, 「사랑할 때 버려야 할 아까운 것들」 중에서 Maroon 5의 Sunday Morning입니다.

우리는 생각보다 많:은 걸 잊고_{잊꼬} 실수_{실쑤} 하고 엉뚱한 곳에 두고 올 수 있다 고 심리학자들은_{심니학짜} 말:합니다. / 그러니 다른 사:람이 **중:요한 무언가**를 잊 었을 때 비:난하기 보단 / 우리도 그럴 수 있으니 매사에 잘 챙겨야겠다

생각하면서 나를 돌아봐야 할 것 같습니다. / 그래도 계:절은 우리만큼
기억력이 나쁘지는 않습니다. / 달력에서 발견하는 입추라는 절기, / 가
을이라는 계:절을 잊지 않았다는 걸 알려주는 거죠. / 가을이라는 문턱
이 실감이 나지는 않지만 / 입추는 지금부터 가을이라는 뜻이 아니라 가
을이 온다는 것을 잊지 말:라고 / 조금만 더 **힘내라고** 격려해주려는 의:
미겠지 싶습니다. / 오늘 하루도 수:고 많:으셨습니다. 안녕하세요,「세:
상의 모:든 음악」○○○입니다.

교통 캐스터

Point : 또렷하고 정확한 발음으로 생동감 있게 읽어보자.

GS칼텍스 협찬 57분 교통정보입니다. / 현:재 올림픽대로 공항 쪽으로
동작 대교 조금 못 간 지점에서 **추돌사:고** 나면서 / **정체**가 **심:해**지고 있습
니다. / 지금 하:위 차로에서 사:고 처:리작업을 하고 있는 모습인데요.
/ 이 때문에 반포대교에서 동작대교 쪽으로 / 올림픽대로 공항 쪽 흐름
이 더딥니다. / 강변북로 쪽으로 우회를 하시는 편이 낫:겠고요, / 올림
픽대로 공항 쪽 흐름이 더디다는 점 / 참고하시고 이동하셔야겠습니다.
/ 경인고속도로 서울 방향으로 신월 부근 정체도 시:작이 됐습니다. / 아

직 부천 일대는 제 속도가 나지만 / 신월 주변으로는 속도가 많:이 떨어
지는 모습이고요, / 경부 고속도로는 교통량이 늘어가는 정도입니다. /
아직까지는 수월한 흐름을 보이고 있는데요, / 판교를 중심으로 양:방향
제 속도 충분히 낼 수가 있겠습니다. / 외:곽순환고속도로 판교 쪽으로
는 / 중동에서 송내로 향하는 차들이 빠르게 늘어가고 있습니다. / 반:대
일산 쪽으로도 / 중동 부근, 교통량이 많:아지는 모습입니다. / 서울시내
간선도로 상황입니다. / 서부간선도로 도심 쪽으로 / 목동교 부근 / 그리
고 신정교 부근에서 정체고요, / 외곽 쪽으로는 철산대교에서 금천교까
지 밀립니다. / 지금까지 ○○○였습니다.

이 시간 교통정보입니다. / 수도권 도로가 서:서히 어둠에서 깨어나고
있습니다. / 다행히 어제 서울과 경기 지방에 내려졌던 **대:설주의보**도 해:
제가 됐고요, / 무더기 결항 사태로 큰 불편 겪었던 **항:공기도** / 오늘은 훨
씬 상황이 좋:습니다. / 일단 속초와 목포지방의 항:공편은 운:항이 결
정되지 않은 상태인데요, / 나머지 구간은 지연 운:항되는 곳도 많:지만
/ 대부분 **정:상** 운:항 할 예:정입니다. / 출근길 상황 아직까지 대체로 여
유가 있습니다. / 차량들이 빠르게 늘어나고 있지만, / 통행량이 많:아서
지체되는 구간은 별로 없는데요, / 다만 고갯길 중심으로 도:로 결빙 구
간이 있어서 주:의가 필요한 구간이 있습니다. / 지금까지 교통정보센터
에서 ○○○였습니다.

내레이션

|

Point : 차분하고 부드러운 목소리로 감정을 한껏 살려 낭독해보자.

유:난히 **조용한** 산골 마을. / 이른 시간, 분주하게 하루를 시:작하는 / 한

사:람이 있습니다. / 경수 씨와 낡은 트럭이 만난 지도 벌써 20년째인데

요. / 지난 시간을 말:해 주기라도 하듯 유:난히 덜컹거립니다. / 그의 하

루 일과 중 첫 번째는 / 120여 마리나 되는 염소들을 돌보는 일: / 이 일:

도 무려 20년째랍니다 / 20년 전에 도시에서 아이들을 가르쳤다는 경

수 씨인데요. / 하지만 IMF 직후 귀:농을 선:택했고, / 지금은 이곳 화
                        (지쿠)

원면 인지리에서 **제 2의 인생**을 살:고 있습니다. / 특히 마을 이:장까지
                                                          (맏꼬)
맡고 있어 마을 어르신들 사이에서는 **유:명 인사**인데요. // 그런데 경수

씨에게는 염소를 돌보고, / 마을을 돌보는 일:도 중:요하지만 / **더 중:요**

한 일:이 있습니다. 바로 화원면의 **아이들을 돌보는** 일:입니다. / 아이들

의 방과 후를 책임지는 / 지역 아동 센터를 운:영 한 지도 / 올해로 20년

째라고 합니다. / 게다가 수학 지도까지 직접 한다고요. // 이리 뛰고, 저
                                            (행:보카다고)
리 뛰고 바쁠 법도 한데 / 그저 아이들을 위해서라면 행:복하다고 말:하

는 센터장 경수 씨. / 도시 학원 부럽지 않은 명강:연까지, / 아이들을 위

해 노력합니다. / 학교를 제:외하고는 마땅한 교:육 시:설 하나 없:는 지
                                    (더업씨)
역 특성상 아이들에게 센터는 더없이 특별한 곳이 되고 있습니다.

기상 캐스터

Point : 날씨에 대한 정보를 생동감 있게 전달할 수 있도록 낭독해보자.

봄답게 따뜻한[따뜯탄] 기운이 완연[와년]합니다. / 전국 대:부분 지방의 낮 기온이 20도 안팎까지 오르면서 / **포근한 날씨**가 이어지고 있는데요, / 오늘은 서울의 낮기온이 16도였지만, / 내일은 22도까지 올라 더 따뜻하겠습니다[따뜯타겠습니다]. / 다만, 아침 기온은 오늘보다 조금 떨어지면서 **일교차**가 크겠는데요, / 환절기 **건:강관리**에 신경 쓰셔야겠습니다. / 현:재 영남 해:안은 **강풍주의보[강풍주이보]**가 발효 중입니다. / 내일까지 **바람**이 매우 강하겠고요, / 그 밖의 해:안에서도 바람이 강하게 불 것으로 예:상돼 시설물 관리에 유의[유이]하셔야겠습니다. / 내일 맑은[말근] 하늘에 미세먼지 농도도 '보:통'에서 '좋:음'단계가 예:상됩니다. / 내일 새벽까지 호남과 제주도는 비가 조금 내리겠고, / 아침에는 내륙 곳곳에 안:개가 끼겠습니다. / 내일 아침 기온은 서울이 8도, 대구 7도 등 아침엔 쌀쌀하겠습니다. / 한낮에는 서울 22도, 대구 21도 등 / 오늘보다 6~8도 가:량 오르겠습니다. 물결[물껼]은 동해상과 남해상에서 최:고 4미터까지 거세게 일겠고 / 당분간은 계:속해서 맑은 날씨가 이어지겠습니다. 날씨였습니다.

213

Part 3

좋은 이미지는
말과 목소리에 날개를 달아준다

이미지에 따라
메시지가 달라진다

다양한 매스미디어 시대에 살고 있는 현대인들에게 이미지는 무척 중요한 요소다. 이미지image의 사전적 의미는 어떤 사물이나 사람에 대해 떠오르는 직관적인 인상을 말하는데, 한 대상으로부터 전달되고 느껴지는 외적 또는 내적인 분위기, 감각, 색깔이나 연상 같은 모든 느낌을 이미지라 할 수 있다. 다시 말해 이미지는 마음속에서 그려지는 대상에 대한 심상, 마음의 형상이다.

주변에 있는 사람들 가운데 어떤 한 사람을 떠올려보자. 이때 그 사람의 얼굴 생김새와 표정, 인상뿐 아니라 목소리와 말투, 음색, 제스처, 자세, 헤어, 메이크업, 향기, 의상 스타일, 매너, 성격, 성향

등 다양한 것들이 종합되어 떠오를 것이다. 그 사람의 고유한 느낌이 하나의 형체로 만들어져 머릿속에 그려지는 것이다.

겉으로 보이는 외적 이미지는 비교적 짧은 시간에 좋게 바꿀 수 있고, 결과도 효과적이다. 하지만 좋게 바뀐 외적 이미지를 오래도록 유지하기 위해서는 내적 이미지가 바탕이 되어야 한다.

내적 이미지를 결정짓는 요소인 가치관, 삶의 태도, 자존감, 열정, 인품 같은 것은 형성되기까지 시간이 오래 걸린다. 그러므로 내 분야에서 성공하고 나라는 브랜드의 가치를 높이고 싶다면 지금부터라도 내적 이미지를 가꿔 나가는 것이 중요하다. 우선 변화하고자 하는 이미지를 설정하고 그 목표를 향해 자신감을 갖고 꾸준히 노력하고 도전하자. 분명한 목표를 갖게 되면 삶이 열정적으로 변한다.

나 역시 공대생에서 아나운서, 스피치 컨설턴트 그리고 퍼스널 브랜딩 전문가로 성장하고 변화해가면서 늘 내적이고 외적인 이미지를 갖추기 위해 무던히도 노력해왔다. 그 노력은 지금도 현재 진행형이다. 나의 꿈을 이루기 위해 수없이 도전했고, 실패도 맛보면서 그 가운데 이루어낸 성취들이 내면을 단단하게 만들어주었다.

나 스스로에 대한 믿음이 강해지면서 자신감도 생겼다. 1회성 변신은 나라는 사람을 결코 대변해주지 못한다. 성공적인 이미지 메이킹을 위해 변하고자 하는 굳은 의지를 갖고 도전해야 한다.

과거에는 연예인이나 정치인들만 이미지 메이킹을 한다고 생각했다. 또한 전문적이고 어려운 것이라는 인식이 많았다. 하지만 지금은 개인도 스스로의 가치를 높이기 위해 자신만의 고유한 이미지를 만들어가고 있다.

이미지가 경쟁력이다

이미지 메이킹을 통한 좋은 이미지 형성은 개인뿐 아니라 기업이 가지고 있는 큰 자산으로도 인식되어 점차 필수적인 분야로 자리 잡고 있다. 지금은 이미지가 경쟁력인 시대다. 개인의 이미지는 사회생활과 인간관계에서 중요한 부분을 차지한다.

레이건과 부시의 이미지를 성공적으로 변화시켜 이미지 셰이커 Image shaker,이미지를 흔들어 완전히 바꿔 놓는 사람란 별명을 얻은 로저 아일즈는 '당신 자신이 메시지다You are the message'라고 했다. 자신이 어떻게 이미지를 형성하느냐에 따라 상대방에게 전달되는 메시지가 결정된다는 뜻이다. 그렇다면 지금 나의 이미지는 어떨까?

나는 이미지 메이킹 강의 첫 시간에 '나의 이미지' 빈칸 채우기를 한다. 그러다 보면 지금의 내 이미지와 내가 보여주고 싶은 이미지 사이에서 차이가 나는 경우를 많이 본다. 상대방이 나를 바라보는 이미지와 내가 생각하는 나의 이미지가 일치하는 경우도 10명 가운데 2명 정도밖에 되지 않는다.

내가 생각하는 나의 이미지와 상대방이 바라보는 나의 이미지의 차이를 줄이고, 내가 원하는 이미지를 상대방이 알아차리게 하는 것이 성공적인 이미지 메이킹이다.

Part 3에서는 자신의 브랜드 가치를 높이기 위해 절대 빼놓을 수 없는 이미지 메이킹의 효과적인 방법에 대해 소개할 것이다. 자신에게 잘 맞는 방법을 통해 당당하고 자신감 있는 이미지로 거듭날 수 있기를 간절히 바란다.

나의 이미지 체크 리스트

내가 바라보는 내 이미지	
나의 내적 이미지 (가치관, 신념, 목표)	
나의 외적 이미지 (목소리, 의사소통, 자세, 눈빛, 스타일, 제스처 등)	
추구하는 내적 이미지	
추구하는 외적 이미지	
상대방이 생각하는 내 이미지	
상대방에게 보여주고 싶은 내 이미지	

첫인상이 결정되는 시간
5초

　　누군가를 만나 짧은 시간을 함께했지만 그 사람이 계속 떠오르고, 보고 싶고, 생각만으로도 기분이 좋아지는 사람이 있다. 동료 가운데에서도 함께 일하면 즐거운 사람이 있는가 하면 그렇지 않은 사람이 있다. 상대방에게서 느끼는 호감과 비호감의 감정 때문이다.

　　왠지 모르게 끌리는 사람 또는 매력적인 느낌을 주는 사람의 얼굴을 떠올려보면 표정이 밝고 경쾌하다는 공통점이 있다. 이들은 단순히 얼굴 표정만 밝은 것이 아니라 내면의 세계 또한 긍정적이기에 때문에 호감의 이미지로 상대방에게 보여진다.

　　링컨은 "나이 마흔이 넘으면 자신의 얼굴에 책임을 져야 한다."

고 했다. 이 말은 노력하면 얼마든지 원하는 얼굴로 가꾸어 나갈 수 있다는 뜻이기도 하다.

이미지 메이킹 컨설팅을 하다 보면 자신의 첫인상에 대해 고민하는 사람들이 많다. 예컨대 자신은 정도 많고 따뜻한 사람인데 이미지가 차갑다는 이야기를 자주 듣는다거나, 재미있고 유쾌한 사람으로 보이고 싶은데 무뚝뚝하고 재미없는 사람으로 비쳐진다는 것이다.

여기서 생각해봐야 할 점은, 표현하지 않으면 상대방은 내가 어떤 사람인지 알 수 없다는 사실이다. 사랑하는 마음을 갖고 있어도 '당신을 사랑합니다' 라고 표현해야 그 감정이 전달되듯이 보여주고 싶은 이미지를 스스로의 노력을 통해 상대방에게 직접적으로 보여주어야 한다. 다시 말해 얼굴과 말과 행동이 함께 어우러져 드러나야 내가 원하는 모습으로 상대방에게 보여진다. 보여주고 싶은 이미지와 남이 나를 보는 이미지가 일치하는 지점이 이미지 메이킹의 완성 단계다.

우리는 누군가를 처음 만났을 때 우선 눈에 들어오는 정보(옷, 머리 모양, 화장, 표정, 자세, 제스처)를 통해 상대방을 빠르게 분석한 뒤 이야기를 나누고 행동을 살펴보면서 어떤 사람인지 평가를 내린다.

미국 펜실베니아대학의 심리학과 교수 잉그리드 올슨은 실험을 통해 사람들이 첫인상을 결정짓는 시간이 불과 0.1초에 지나지 않는다는 사실을 밝혀냈다. 일반적으로 첫인상을 결정짓는 시간은 짧게는 3~5초, 길게는 20분이라고 알려져 있다.

첫인상이 결정되는 이 짧은 시간만큼이나 중요한 점은 첫인상에 대한 결정은 단 한 번뿐이라는 것이다. 또한 한 번 만들어진 첫인상을 바꾸려면 스무 번 이상 만나거나 40시간 이상의 시간이 걸린다고 한다. 그 까닭은 초두 효과, 다시 말해 처음에 각인된 이미지가 나중에 경험하게 되는 이미지보다 더 큰 영향을 끼치기 때문이다.

상대방에게 호감을 주는 첫인상을 만들기란 쉽지 않지만 자신의 이미지를 좋게 만드는 데 있어 첫인상은 아주 중요하다. 자신의 퍼스널 브랜드의 가치를 높이기 위해서도 좋은 첫인상은 분명 필수 요소다. 그러므로 첫인상에 대해 더욱 신경을 쓰고 좋은 첫인상을 만들기 위해 노력해야 한다.

미소가 없는 얼굴은
햇볕이 안 드는 정원과 같다

어린아이의 해맑은 웃음을 보고 있으면 나도 모르게 마음이 사르르 녹으면서 입꼬리가 올라가는 경험, 한 번쯤 갖고 있을 것이다. 아이의 순수함과 맑음이 전해져서이기도 하지만 밝은 미소는 상대방의 마음을 부드럽게 열어주는 마법과 같다.

미소는 보는 사람으로 하여금 기분을 좋게 만들어주기도 하고 동시에 이미지를 좋게 하는 효과도 있다. 그렇다면 나는 과연 하루에 어떤 표정을 가장 많이 지으며 살아가고 있는지 한 번 떠올려보자. 미소를 많이 짓는 편인지, 아니면 우울하고 불만이 가득한 표정을 많이 짓는 편인지.

스탠퍼드 의대 윌리엄 프라이 박사는 사람이 마음의 기쁨을 가지고 한 번 크게 웃으면 평상시 움직이지 않던 근육 중 230개 이상이 움직이고, 이로 인해 혈액순환이 활발해져 산소와 영양분이 피부 곳곳에 전달되어 피부 탄력성이 좋아진다고 했다. 미소는 개인뿐 아니라 기업과 넓은 의미에서 국가적으로도 큰 영향력을 행사한다. 1930년 대공황으로 미국 호텔의 87%가 문을 닫았다. 힐튼 호텔도 심각한 경영난을 겪었는데, 어느 날 힐튼 호텔의 콘래드 힐튼 사장은 전 직원을 모아 회의를 열었다. 그리고 직원들에게 물었다.

"우리에게는 최고의 객실, 최고의 시설이 있습니다. 그런데 힐튼 호텔이 고객들에게 더욱 사랑받기 위해서는 또 하나 최고가 있어야 합니다. 과연 무엇일까요?"

직원들 사이에서 여러 가지 대답이 쏟아져 나왔지만 힐튼은 고개를 저으며 이렇게 말했다.

"호텔에 일류 객실과 일류 시설은 갖추어져 있지만 일류 미소가 없다면 어떨지 생각해보십시오. 직원들의 미소가 없는 호텔은 햇볕이 들지 않는 정원과 같습니다."

힐튼은 고객에게 최고의 미소를 제공하라는 사명을 남겼고, 이

것은 힐튼 호텔이 대공황을 이겨내고 미국을 대표하는 세계 최고의 호텔로 남을 수 있었던 비결이 되었다.

지금 당장 거울을 앞에 서서 표정을 살펴보자. 나는 과연 호감을 주는 매력적인 미소를 짓는 얼굴을 하고 있는가? 그렇지 않다면 지금부터 전략적으로 미소의 생활화를 실천해보자. 언제나 웃는 얼굴은 틀림없이 내 인생을 바꿔놓는 중요한 계기가 될 것이다.

매력적인 미소를 위한 3단계 훈련

1단계

거울 앞에 서서 살짝 눈을 감고 평소 가보고 싶었던 곳, 나를 가장 편하게 해주는 장소에 있다고 생각해보자. 마음이 편안해지면 그동안 간절히 이루고 싶었던 것, 되고 싶은 나의 모습을 상상해보자. 가슴이 두근거리고 기분이 좋아져 자연스레 미소가 지어질 것이다. 이때 눈을 떠보자. 그리고 그 미소를 기억해두자.

2단계

평소 웃는 얼굴이 익숙하지 않은 사람은 얼굴 근육이 많이 굳어 있기 때문이다. 미소 짓는 연습이 원활하게 되려면 입 주변의 근육을 확실히 풀어주는 것이 중요하다. 입을 크게 벌려 '하, 헤, 히, 호, 후'를 소리내보자. 복식호흡을 하면서 다섯 번 되풀이하자. 그런 다음 손바닥으로 볼과 턱을 부드럽게 문질러 얼굴 근육을 풀어주자.

3단계

거울을 바라보며 눈은 초승달처럼 되고, 입꼬리와 양 볼이 올라가도록 활짝 웃어보자. 그 상태에서 입꼬리를 검지로 약 7초 동안 누르자. 그런 다음 검지를 떼고 다시 7초를 유지하자. 좌우대칭이 이루어질 때 가장 아름다운 미소가 만들어진다. 환하게 웃을 때 윗니가 6개 이상 보이는지, 눈이 초승달 모양을 그리며 웃고 있는지 신경 쓰면서 세 번 이상 되풀이하자.

진짜 미소	피해야 할 미소
• 볼 근육이 올라간다. • 입꼬리가 곡선 모양이 된다. • 눈꼬리가 내려가고 눈이 초승달 모양을 띤다. • 동공이 커진다. • 얼굴의 좌우 균형이 잘 맞는다. • 표정이 밝고 목소리도 경쾌해진다.	• 입만 웃는 미소 • 비웃듯 콧방귀를 끼며 웃는다. • 입꼬리가 아래로 내려간다. • 눈이 웃지 않는 미소 • 웃는 것도 아니고 안 웃는 것도 아닌 어색한 미소

성공한 사람들은
자세가 바르고 시선의 각도가 높다

아나운서나 앵커들은 늘 반듯한 자세로 카메라 앞에 서거나 앉는다. 만약 구부정한 자세로 뉴스를 진행한다면 어떨까? 시청자들은 예의가 없다고 생각하거나 심지어 뉴스에 대한 신뢰도를 의심할 것이다.

나 역시 직업 특성상 뉴스나 방송을 위해 무대에 서거나 강의를 위해 강단에 설 때면 늘 바른 자세를 유지하기 위해 노력한다. 바른 자세에서 좋은 목소리가 나오고, 자세가 곧 나의 이미지를 형성한다는 것을 잘 알고 있기 때문이다.

성공한 대기업 회장을 떠올려보자. 꼿꼿한 자세와 당당한 걸음걸이가 연상된다. 영화나 드라마에서 종종 과장되게 표현되기도 하지만 실제로 성공한 사람들에게서 볼 수 있는 모습이기도 하다. 앞에서 말한 승무원 출신의 미즈키 아키코는 자신의 책에서 이렇게 말했다.

"경력이 많은 승무원들은 멀리서 걸어오는 승객의 자세만 보고도 1등 석 승객을 구분해낼 수 있습니다. 1등석은 상대적으로 성공한 사람들 이 많이 타는 곳입니다. 그들은 우선 자세가 바르며, 시선의 각도가 높은 것이 특징입니다."

바른 자세를 갖춘 사람은 몸 전체에서 자신감과 당당함이 느껴 진다. 어딘가 범접할 수 없는 분위기를 풍기기도 한다. 그런데 사람 들은 의외로 자세나 걸음걸이에 신경을 쓰지 않는다. 면접을 준비 하는 취업 준비생이라면 인사를 한 뒤 의자에 앉을 때, 면접 장소에 들어가고 나갈 때의 걸음걸이를 반드시 점검해야 한다. 면접에서 가장 중요한 요소는 자신감이다. 자세가 구부정하거나 바르지 못 하면 좋은 이미지를 줄 수 없다.

말하는 사람의 목소리나 표정을 보면 자세나 걸음걸이와 일치하 는 것을 발견할 수 있다. 어깨가 굽어 있고 말도 소심하게 하는 사 람은 실제로 주변 눈치를 많이 본다. 반면에 보폭을 크게 해서 걷는 사람은 자신감이 넘쳐 보이고 성격도 시원시원하다. 어딘지 모르게 우아하고 아름다운 사람은 자세가 곧고 걸음걸이가 단정하다. 자세와 걸음걸이에서 한 사람의 성격과 인격이 묻어나는 것이다.

컴퓨터와 스마트폰 사용의 증가로 사람들의 자세가 더 구부정해지고 있다. 나 역시 한참 동안 컴퓨터 작업을 하거나 조금만 신경을 쓰지 않으면 어느새 어깨와 허리가 굽어 있다. 다행히 얼른 알아차려 다시 자세를 바로잡곤 한다.

'자세姿勢'는 '모습의 기세'라는 뜻을 가지고 있다. 내 몸에서 뿜어내는 에너지라는 뜻이다. 자세에 대한 최근의 다양한 연구 결과에 따르면, 바른 자세는 자신감을 높여주는 것 말고도 나른한 오후에 약간의 스트레칭과 자세 교정만으로도 몸에 활력을 불어넣어 일의 생산성을 높여준다고 한다. 또한 두려움을 줄여주고 적극성을 갖게 해준다고 한다.

자세와 걸음걸이는 타고나는 것이 아니다. 노력만 하면 누구라도 품격 있는 자세와 당당한 걸음걸이를 내 것으로 만들 수 있다. 다음 몇 가지 자세와 걸음걸이 훈련으로 나의 이미지를 당당하고 자신감 넘치는 모습으로 업그레이드시켜 보자.

평소 자세가 많이 굽은 사람은 등을 벽에 대고 몸을 밀착시키는 훈련을 하자. 머리, 엉덩이, 양어깨, 발뒤꿈치가 벽에 닿도록 한다. 이때 허리 부분은 주먹이 들어갈 정도의 간격이 있어야 한다. 하루에 5~10분 정도 이 자세를 취해주면 굽은 어깨나 한쪽으로 기운 어깨를 교정하는 데 도움이 된다. 이 방법은 실제로 모델들이 자주 하는 훈련이기도 하다.

바르게 앉는 자세

여성

등을 꼿꼿하게 세우고 등받이에 허리와 엉덩이가 닿도록 앉는다. 이때 두 무릎은 붙여 가지런히 모아준다. 동시에 양발도 모아준다. 그런 다음 1시 방향으로 다리를 가지런히 한다.

스커트를 입었을 경우 속옷이 보이지 않도록 주의한다. 앉은 상태에서 오른손을 왼손 위에 가볍게 올려놓는다. 어깨는 힘을 빼고 정면을 바라보며 자연스럽게 미소 짓는다. 의자에서 일어나면 처음 상태로 의자를 바르게 정리한다.

남성

등을 꼿꼿하게 세우고 등받이에 허리와 엉덩이가 닿도록 앉는다. 발은 나란히 해서 어깨 너비만큼 벌려주고 주먹은 가볍게 쥐어 무릎 위에 올려놓는다. 어깨 힘을 빼고 시선은 정면을 향하고 자연스럽게 미소 짓는다. 의자에서 일어나면 처음 상태로 의자를 바르게 정리한다.

바르게 걷는 자세

- 가슴을 펴고 어깨에 힘을 뺀 뒤 몸을 반듯하게 세워 아랫배에 살짝 힘이 들어가게 한다.
- 걸을 때는 키에 따라 보폭을 알맞게 해서 걷는다.
- 여성의 경우 양 무릎 안쪽이 살짝 스치듯이 걷는다.
- 발 모양이 평행을 이루도록 11자 모양으로 걷는다.
- 남성의 경우 무릎을 스치며 걷지 않아도 되며, 8자 걸음이 되지 않도록 주의한다.
- 팔은 앞뒤로 자연스럽게 흔들며 걷는다.

반듯하게 걷는 사람에게는 활기차고 긍정적인 기운이 느껴진다. 등을 쭉 펴고 상체는 가능한 한 움직이지 않으면서 골반과 다리로만 걷는다는 느낌으로 다리 안쪽을 스치듯 걸어보자. 밝고 경쾌한 기분이 들어 일의 효율성도 높아지고 기분 좋은 삶의 에너지가 느껴질 것이다.

신의 한 수가 된
스티브 잡스의 패션

오랫동안 많은 사람들의 입에 오르내리며 기억되는 스타일이 있다. 티파니 매장 앞에서 블랙 드레스에 선글라스를 끼고 있는 오드리 햅번의 모습, 슈트를 늘 완벽하게 소화해냈던 영화배우 알랭 드롱, 영화 007의 제임스 본드의 모습이 그렇다.

퍼스트레이디로서 패션 외교의 진수를 보여주었던 케네디 대통령의 부인 재클린은 필 박스 모자, 소매 없는 A라인 드레스, 트렌치코트, 오버 사이즈 선글라스로 늘 자신만의 우아한 스타일을 만들어냈다. 그녀만의 스타일로 세상에 자신을 알렸으며, 외교에도 패션을 적극 활용했다. 지금도 재키 스타일은 여전히 많은 여성들의 워너비로 사랑받고 있다. 이후 패션 외교는 영부인들뿐 아니라 많은 정치인들에게 자신을 드러내는 중요한 수단이 되었다.

'패션은 변해도 스타일은 남는다'고 한 샤넬은 어떤 패션에든 늘 진주를 포인트 아이템으로 매치시켰으며, 유명 패션 잡지 「보그」의 편집장 안나 윈투어는 단발머리를 자신의 시그니처 스타일로 만들었다.

자신만의 고유한 스타일을 만드는 것은 이미지가 중요해진 지금 시대에 좋은 전략이 될 수 있다. 옷을 잘 입는 것도 능력으로 인정받는 시대기 때문이다.

신의 한 수로 극찬받은 스티브 잡스의 패션

최근에는 패션을 경영 전략으로 활용하는 CEO들이 늘어나고 있다. 페이스북 CEO 마크 주커버그는 그레이 티셔츠와 후드 티 스타일을 고수하면서 자신의 소탈한 성격과 창업 전 자신의 모습을 일관되게 유지하고 있다.

검은 터틀넥 스웨터에 리바이스 청바지를 입고 회색 뉴발런스 운동화를 신은 스티브 잡스의 모습은 그를 대표하는 스타일이 되었다. 평소에도 그렇고 신제품을 발표하는 프레젠테이션 자리에서도 그는 같은 스타일을 고수했다. 스티브 잡스는 이러한 차림이 실제로 입고 벗는 데도 쉽고 편하다고 했다. 전형적인 프레젠테이션 복장과 달리 사용자와 동일한 분위기의 복장은 그의 프레젠테이션을 더 편안한 분위기로 이끌어가도록 돕는 수단으로도 작용했다.

차가운 IT 기기를 소개하면서도 그토록 따뜻하고 부드러운 친근감을 끌어낼 수 있었던 것은 패션을 활용한 그의 전략이 큰 몫을 차지했다. 옷차림이 가져다준 이러한 놀라운 효과에 대해 사람들은 신의 한 수였다며 극찬했다. 이처럼 리더의 패션은 자신의 정체성을 표현하고, 조직의 마케팅 전략을 대신해주는 수단이 되기도 한다.

기업가뿐 아니라 정치인들도 자신의 퍼스널 브랜딩의 중요한 전략 도구로 패션 스타일을 활용한다. 세계에서 가장 영향력 있는 여성으로 꼽히는 힐러리 전 미국 국무장관은 카리스마 있는 머리 모양과 패션 스타일을 잘 활용해 성공한 정치인으로 손꼽힌다.

힐러리는 대학생 시절이나 주지사 부인 시절에는 스타일에 별로 관심을 두지 않았다. 남편 클린턴이 주지사 재선에 탈락하자 그때부터 패션에 신경을 쓰기 시작해 자신의 정치 인생에서도 패션을 적극 활용했다. 짧은 커트머리는 강인함과 단호함을 보여주는 스타일이 되었다.

패션에 컬러를 활용한 것도 유명하다. 특히 블루 계열의 세련된 정장 차림은 대중들에게 신뢰와 믿음, 희망의 메시지를 전달했다는 평가를 받는다.

스타일은 나라는 사람을 드러내주는 강력한 힘을 가지고 있다. 그런데도 여전히 내면과 실력이 중요하지 겉모습이야 어떻든 상관없다고 생각하는 사람들이 많다. 지금 시대는 절대 그렇지 않다. 인성을 비롯한 내면의 모습과 실력 그리고 외면은 어떤 것이 더 중요한가를 놓고 비교할 수 없을 정도로 '나' 라는 사람을 드러내주는 중요한 요소가 되었다.

스타일은 그 사람에 대해 많은 정보를 전달한다. 옷을 입은 모습을 통해 사회적 지위와 직업, 성격, 성향, 취향, 개성을 짐작하고 평가할 수 있다. 그렇다면 나를 빛내주는 나만의 스타일은 어떻게 찾을 수 있을까? 스타일은 태어나면서 만들어지는 것도 아니고 정답이 있는 것도 아니다. 스타일은 각자의 취향을 반영하는 것으로 자신만의 것을 만들어 나가는 과정을 겪으면서 자연스럽게 형성된다.

우선 자기 스스로에 대해 꼼꼼히 파악한 뒤 내가 좋아하는 스타일은 무엇인지, 나에게 어울리는 스타일은 어떤 것인지를 찾아나가야 한다. 패션 사진이나 잡지, 영상을 통해 다양한 자료를 찾아보고 자신에게 어울리는 스타일을 연구해보자. 전문가의 도움을 받는 것도 한 가지 방법이다.

갑작스럽게 변화를 주기보다는 작은 것부터 차근차근 시도해보자. 평소 검은색 계통의 옷을 주로 입었는데 붉은색 계통의 옷을 입었을 때 사람들이 멋지다고 칭찬해준 적이 있다면 붉은색 계열의 옷차림 빈도를 늘려본다든지, 유행이 지난 재킷을 수선해 입어보는 것 또한 하나의 시도가 될 수 있다.

명품으로 온몸을 치장했다고 해서, 유행하는 아이템으로 빼입었다고 해서 무조건 스타일이 좋아지는 것은 아니다. 편안하면서도 자신감 있게 나를 빛내주는 스타일이라면 그것이 곧 나의 스타일이 된다. 클래식하고 기본적인 스타일부터 과감한 패션까지 여러 가지 경험을 통해 나에게 가장 잘 어울리는 나만의 스타일을 만들어보자. 나의 브랜드 가치를 한 단계 업그레이드시키는 가치 있는 시간이 될 것이 틀림없다.

자신감을 만드는 시간,
메이크업

메이크업은 얼굴의 결점은 커버하고 매력적인 부분은 돋보이게 해서 내 얼굴을 아름답게 만들어준다.

메이크업은 호감 가는 이미지로 만들어주는 아주 효과적인 방법인데 귀찮거나 잘 못한다는 이유로 소홀히 하는 사람들이 있다. 하지만 내 얼굴을 빛내줄 화장법을 익히고 직접 해 나가다 보면 아름다워진 자신의 모습에 외적인 만족도가 높아진다. 이것은 자신감 상승으로 이어져 무슨 일에든 적극적이고 진취적이게 한다.

취업 면접을 위한 메이크업 강의가 따로 있을 정도로 메이크업은 개인 이미지 메이킹에 있어 커다란 영향을 미치는 것이 사실이다. 화장을 어렵게 생각하지 말자.

우선 피부가 깨끗하고 맑아야 색조 화장도 예쁘게 표현되므로 피부 관리에 신경을 쓰자. 메이크업 제품들을(베이스, 파운데이션, 쿠션, 컨실러, 아이브로우, 아이섀도, 아이라이너, 마스카라, 블러셔, 하이라이트, 섀이딩, 립글로즈, 립스틱) 단계별로 하나씩 사용하면서 나에게 맞는 컬러의 제품들을 찾아보자. 메이크업 제품 컬러를 고를 때에는 퍼스널 컬러를 활용하면 선택이 수월해진다(퍼스널 컬러에 대한 이야기는 뒤에 나온다).

메이크업을 효과적으로 표현해주는 도구들도 다양하게 있으니 손으로 하는 메이크업에 익숙해졌다면 도구를 활용하는 것도 추천한다. 요즘은 기초 메이크업부터 파티 메이크업까지 다양한 메이크업 정보들이 인터넷에 있으니 활용하는 것도 도움이 된다.

이러한 과정은 인생에서 즐거운 시간이 될 수 있으며, 변화하는 과정을 통해 에너지와 기쁨을 느끼게 된다. 메이크업을 통해 즐거운 변화의 기쁨을 꼭 느껴보길 바란다.

방송이 있을 때는 워낙 화장을 진하게 하다 보니 방송이 없는 날에는 화장하는 일이 답답하고 귀찮게 느껴질 때가 많다. 그래서 게으름을 피우고 싶은 날이나 가까운 곳에 나갈 때는 한동안 자외선 차단제만 바른 적이 있다.

그런데 어느 날 거울을 보니 주근깨와 기미 같은 것이 눈 밑에

검게 자리 잡고 있는 것이 아닌가. 평소 피부 관리를 열심히 한다고 생각했기 때문에 무척 놀라지 않을 수 없었다. 피부과에서는 메이크업을 하지 않고 다닌 것이 원인이라고 했다. 낮 동안 선크림만 바르고 다녔더니 자외선과 유해 환경에 피부가 노출되면서 민감해졌던 것이다.

선크림을 수시로 덧바르는 것보다 메이크업으로 자외선을 차단하는 것이 피부 보호에 훨씬 효과적이다. 강렬한 태양 아래서 운동하는 여성 운동 선수들이 메이크업을 하고 운동을 하는 이유가 피부를 보호하기 위한 것도 있다. 귀찮더라도 외출을 할 때는 반드시 메이크업 하는 습관을 들이도록 하자.

헤어스타일에는 돈과 시간을 아끼지 않는 프랑스 여성들

헤어스타일이 마음에 들면 하루 종일 기분이 좋고 자신감이 넘치지만 그렇지 않을 때는 내내 신경이 쓰인다. 사람들은 기분 전환을 위해 머리를 하기도 하고, 나에게 맞는 스타일을 도와줄 헤어숍과 스타일리스트를 찾기 위해 상당한 시간과 돈을 들이기도 한다.

미국의 패션 스타일리스트 티시 제트는 25년째 파리에서 생활하면서 프렌치 시크의 정수를 보여주는 멋스러운 프랑스 여성들을 관찰한 뒤 그들에 관한 책을 썼다. 제트는 자신의 책에서 프랑스 여성들이 소득에 상관없이 시간과 돈을 낭비하는 것은 별로 보지 못했지만 머리에 관해서만큼은 시간과 돈을 아끼지 않는 편이라고 했다.

멋을 잘 아는 사람이든 그렇지 않은 사람이든 대부분의 사람들이 머리에 신경을 쓰는 이유는 헤어스타일이 자신을 드러내주는 강력한 요소임을 알기 때문이다. 이미지 컨설팅에서도 가장 극적으로 변화를 보이는 부분이 헤어스타일이다. 실제로 얼굴 이미지에서 헤어스타일이 차지하는 부분은 70% 이상으로 전체적인 이미지에도 아주 큰 영향을 미친다.

친한 친구 중에 남편이 외국인인 친구가 있다. 친구 남편이 한국에 온 지 얼마 되지 않았을 때 한국 아주머니들은 머리 스타일이 왜 똑같은지 물어봤다고 한다. 그때는 웃고 넘겼지만 생각해보면 조금 씁쓸함이 남는 지적이었다.

머리를 기를 것인지, 염색을 할 것인지, 펌을 할 것인지는 개개인의 선택이다. 하지만 나의 매력을 한층 돋보이게 해줄 헤어스타일을 찾는 일은 외적인 이미지를 변화시키는 데 있어 무척 중요한 요소다. 스스로 스타일을 찾기 어렵다면 헤어 전문가를 찾아 도움을 요청해보자. 자신의 얼굴형에 따른 헤어스타일을 알맞게 추천해줄 것이다. 다양한 변화를 시도해보면서 나만의 스타일을 찾아가는 과정은 삶의 즐거움이 될 수 있으며 분명 이미지 변신에 큰 기쁨이 되어 줄 것이다.

신뢰감을 주고 싶다면
블루 컬러를

방송국 입사를 위한 1차 서류 전형은 사진 비중이 무척 크다. 나 역시 프로필 사진을 찍어 서류를 냈는데, 처음 찍었던 프로필 사진을 다시 꺼내어 볼 때마다 왜 그리도 얼굴이 어두워 보이고 나이 들어 보이는지 속상하기도 하고 차마 다시 꺼내보기가 부끄러울 정도였다.

물론 오래전 사진이라 지금보다 촌스러움이 더 묻어 있기도 하지만 퍼스널 컬러를 진단하는 컨설턴트로서 옛날의 내 첫 프로필 사진들을 다시 보니 옷의 컬러가 피부색과 어울리지 않았다는 것을 알아차릴 수 있었다.

첫 번째 프로필 사진을 찍고 수많은 방송국에 지원했지만 1차 서류전형에서 떨어져 연락조차 오지 않은 경우가 대부분이었다. 같은 지원자들보다 많게는 7~8살이나 많았던 나는 '나이가 너무 많은 탓인가? 빼어나게 예쁘지 않은 얼굴 탓인가?' 하면서 스스로를 자책하며 크게 실망했다.

그때 선배들이 프로필 사진을 다시 찍어보라는 조언을 해주었다. 나는 지푸라기라도 잡는 심정으로 있는 돈을 다 긁어모아 다시 사진을 찍고 또다시 도전했다. 그런데 거짓말처럼 서류 전형 합격으로 한 곳, 두 곳에서 연락이 오기 시작했고 2차, 3차 전형을 통과해 마침내 합격했다.

이미지 컨설턴트로 두 번째 프로필 사진을 분석해보니 의상 디자인은 그다지 특별하지 않지만 내 얼굴색을 아주 잘 살려주는 색의 옷이었음을 알 수 있었다. 그때만 해도 퍼스널 컬러라는 것을 전혀 몰랐다. 그런데도 무의식중에 나에게 잘 어울리는 옷을 입다 보니 촬영하는 동안 나도 모르게 표정이 밝아지고 경쾌해져 그 느낌이 그대로 사진에 담겼던 것이다.

지금도 새로운 프로필 사진을 찍을 때면 옷의 디자인보다 색을 먼저 정해 이미지 콘셉트를 잡아간다. 색은 나라는 사람을 잘 표현해주고, 상대방에게 강력한 메시지를 전달하는 효과적인 커뮤니케이션 수단이기 때문이다.

정치인들은 자신의 퍼스널 브랜딩에 컬러 이미지를 적극적으로 활용한다. 파스텔 톤이나 흐릿한 컬러는 자칫 나이가 들어 보이거나 약한 이미지를 줄 수 있기 때문에 대부분의 남성 정치인들은 검정이나 짙은 남색 정장에 빨간색이나 파란색 넥타이로 신뢰감을 주고 힘을 전달하는 이미지를 연출한다.

컬러 이미지를 잘 활용한 정치인으로 오바마 대통령을 꼽을 수 있다. 그는 재임 시절 주로 청색이나 짙은 회색 양복을 입어 에너지와 열정, 성실과 희망의 아이콘으로 이미지를 만들어 갔다. 그런데 2014년 황갈색 정장이 화재가 된 적이 있다. 전날 오바마는 백악관에서 심각한 정치 현안들에 대한 기자회견을 가졌는데, 대중들은 기자회견 내용보다 황갈색 정장에 집중했다. 평소 입던 청색이나 회색 정장이 아니었기 때문이다.

그날 오바마 대통령의 복장에 대한 수천 건의 글이 올라왔는데, 대부분 '정장 색상이 튀어 그가 한 말은 들리지도 않았다', '황갈색 정장을 입은 것은 동맹국에 잘못된 메시지를 전하게 된다', '피부색과 비슷한 정장을 입으면 강한 내용을 말하기 어렵다' 등 비판적인 의견이 대부분이었다.

색이 주는 이미지는 무척 강력하다. 컬러 이미지는 그 자체로도 메시지를 전달하기 때문에 나에게 잘 어울리는 색을 활용한다면 나를 빛내주는 강력한 무기가 될 수 있다.

젊어 보이고 눈동자를 반짝이게 하는
퍼스널 컬러

아나운서 생활을 한 지도 벌써 10년이 되어 간다. 나의 경우 처음부터 지금까지 정규직이 아닌 프리랜서 아나운서와 강사로 방송과 강의를 해왔다. 물론 자의적으로 그렇게 한 것은 아니지만 처음 시작이 그렇다 보니 지금까지 이어지게 된 것 같다.

정규직도 마찬가지겠지만 프리랜서 생활은 장점과 단점을 모두 갖고 있다. 시간을 자유롭게 활용할 수 있다는 점이 가장 큰 장점이고, 고용 불안과 맡고 있는 일이 끝나면 언제 또 다른 일을 시작하게 될지 모른다는 막막함이 늘 따른다는 것이 큰 단점이다.

그렇게 10년을 지내다 보니 나름 스스로를 단련하는 힘이 강해진 것도 사실이다. 자칫 느슨해지거나 나태해지지 않으려면 순간 순간 자신을 채찍질해야 하고, 남들보다 조금이라도 더 잘해내기 위해 몇 배의 노력을 쉼 없이 해야 한다.

프리랜서다 보니 다른 사람들에 비해 새로 시작하는 일이 많다. 그러다 보니 다양한 사람들을 자주 만나는데, 그런 과정을 통해 첫 대면에서 받는 느낌이 아주 중요하며, 그것을 이어 나가는 유지력 또한 중요하다는 것을 깨달았다. 그 때문에 앞서 말한 프로필 사진 이야기처럼 사진을 찍거나 방송이나 강의를 할 때, 또는 비즈니스 미팅을 할 때 외적인 이미지에 힘을 실어주기 위해 옷의 디자인만큼이나 컬러에도 신경을 많이 쓴다.

겉모습에만 신경을 쓴다면 문제가 되겠지만 비즈니스가 성사되고 일을 성공적으로 해내기 위해서는 실력과 내면의 힘을 갖추는 것 못지않게 외적 이미지를 관리하는 것도 중요하다.

늘 프로페셔널한 모습을 보여야 하는 프리랜서이기에 내게 잘 어울리는 컬러를 활용했을 때 좋은 결과가 나온 경우가 많았다. 그런데 여기서 잘 어울리는 컬러란 한 가지 컬러에만 국한되는 것은 아니다. 나의 경우 내가 좋아하는 컬러가 잘 어울리는 경우도 있고, 무척 좋아하는 컬러인데도 얼굴을 어둡고 칙칙하게 만드는 경우가 있기 때문에 컬러를 선별해서 상황별로 적용하는 편이다.

진취적이고 자신감 있는 느낌을 어필하고 싶을 때는 레드 컬러를, 부드러우면서 단정한 이미지를 주고 싶을 때는 따뜻한 핑크나 베이지 컬러를 활용한다. 신뢰와 믿음을 주어야 하는 자리에서는 화이트와 블루를 적절히 섞는다.

나의 경우 그린이나 블루 계열은 안 맞는 컬러에 속해 그 색상을 꼭 입어야 할 때는 베스트 컬러와 적절히 섞어 스타일링 해주는 편이다. 같은 레드 색상이라도 얼굴을 화사하고 밝게 만들어주는 옷이 있고, 얼굴을 더 붉고 칙칙하게 만들어주는 옷이 있다. 색이 같아도 조금씩 다른 채도와 명도 차이 때문이다.

수많은 컬러 중에서 나에게 잘 어울리는 컬러는 분명히 있다. 그 색을 찾아가는 과정이 컬러 진단이다. 컬러 진단으로 잘 어울리는 색상을 찾았다고 해서 그 컬러의 옷만 입어야 한다든지, 지금까지 입었던 옷은 모두 버리고 새 옷을 사야 하는 것은 아니다.

컬러 진단은 그날의 컨디션과 날씨, 심지어 기분에 따라서도 달라질 수 있다. 그러므로 컬러 진단으로 얻은 결과를 바탕으로 옷을 고르고 입을 때, 액세서리를 착용할 때, 메이크업을 할 때 하나의 참고자료로 활용하면 된다.

퍼스널 컬러

|

개인에게 가장 잘 어울리는 색상을 진단해서 찾아내는 방법이 퍼스널 컬러다. 퍼스널 컬러의 시작은 20세기 초 색채학의 권위자로 활약한 바우하우스 미술 조형 학교의 요하네스 이텐Johannes Itten 교수 때부터다. 그리고 1940년 수잔 카질에 의해 피부, 머리카락, 눈동자, 모발의 색깔에 따라 퍼스널 컬러를 결정하는 시스템이 개발되었다. 그 뒤 사계절에 적용시킨 퍼스널 컬러 진단 방법이 제안되었고, 1984년 캐롤 잭슨Carole Jackson의 『Color me beautiful』이라는 책을 통해 본격적으로 대중화되었다.

퍼스널 컬러는 노란색 느낌의 옐로 베이스와 푸른색 느낌의 블루 베이스로 나누어 피부에 적용시켜 컬러를 분석하게 된다. 황색이나 노랑 계열이 잘 어울리는 사람은 따뜻한 색이 잘 어울리는 사람이고, 흰색이나 파랑 계열이 잘 어울리는 사람은 차가운 색이 잘 어울리는 사람이다.

컬러 진단을 통해 자신에게 가장 잘 어울리는 컬러를 찾으면 그 컬러를 적용시킨 옷이나 액세서리, 메이크업을 통해 심리적으로나 외적으로 자신감을 갖고 적극적이고 진취적이 될 수 있다.

퍼스널 컬러 진단

|

- 컬러 진단은 자연광이 좋은 오전 10시에서 오후 3시 사이에 실내에서 하는 것이 가장 좋다.
- 메이크업을 하지 않은 상태에서 한다.
- 색이 있는 렌즈를 하지 않고, 귀걸이나 목걸이처럼 컬러 진단에 방해가 될 수 있는 액세서리는 하지 않도록 한다.
- 평가자와 모델이 모두 잘 보이는 전신 거울을 준비하고 그 앞에서 분석한다.
- 속옷이 비치지 않는 두꺼운 소재의 흰색 가운을 입는다.
- 피부, 머리카락, 눈동자, 두피, 손목 안쪽 피부색을 살펴본다.
- 사계절 컬러 진단 천을 색상별로 준비해 얼굴에 대보고 진단한 뒤 컬러에 따른 얼굴색의 변화를 자세히 관찰한다.

퍼스널 컬러 진단으로 베스트 컬러를 찾았을 때

|

- 피부색이 자연스럽고 화사하며 건강하게 보인다.
- 팔자 주름이 깊어 보이지 않으며 눈 밑의 다크서클이 보이지 않는다.

- 피부결이 윤기 있고 매끄러워 보인다.
- 나이보다 젊어 보이고 호감 가는 이미지로 보인다.
- 눈동자가 반짝이고 더 생기 있어 보인다.
- 치아가 더 하얗고 고르게 보인다.
- 고급스럽고 품위 있어 보인다.

퍼스널 컬러 진단을 통해 베스트 컬러를 찾으면 자신만의 베스트 컬러를 활용해 밝고 긍정적이고 고급스러운 이미지를 연출할 수 있다. 옷이나 액세서리, 메이크업, 소품을 연출하는 데 있어서도 도움이 되어 시간과 노력을 줄일 수 있다.

매너가
사람을 만든다

긍정적인 이미지를 형성하는 데 있어 가장 중요한 요소가 매너다. 영화 킹스맨의 'Manner makes man(매너가 사람을 만든다)' 이라는 유명한 대사에 정답이 있다. 아무리 외모가 준수하고 옷을 멋지게 차려입었다고 해도 결국 사람을 끌어당기고 그 사람의 가치를 인정받게 하는 마지막 완성 요소는 매너다.

국민 MC라 부르는 유재석은 남을 배려하는 진행 방식으로 유명하다. 자신이 이야기를 더 많이 하기보다는 상대방의 이야기를 듣고 그 사람이 이야기를 할 수 있도록 이끄는 배려의 기술을 보여준다. 배려가 바탕이 된 매너는 오히려 자신을 더 빛나게 해주는 결과를 가져다주었고, 결국 많은 국민에게 사랑받는 MC가 되어 지금의 자리에 서게 된 것이다.

　상대방의 기분과 감정을 고려하고 존중하는 마음이 없다면 배려, 다시 말해 매너가 자연스럽게 우러나올 수 없다. 미국 카네기 재단에서 성공한 사람들 만 명을 대상으로 성공 비결을 조사한 결과 90%가 인간관계에서 성공한 것이 비결이라고 답했다고 한다. 진정으로 행복한 성공을 맞이하기 위해서는 무엇보다 인간관계가 행복해야 함을 보여주는 것이다.

　많은 사람들이 현대 사회를 살아가는 데 있어 가장 힘들고 어려운 부분이 관계 맺기라고 호소한다. 관계 맺기는 커뮤니케이션이 잘 되느냐 그렇지 않느냐에 따라 성패가 좌우된다.

　사람은 감정의 동물이다. 나를 존중해주고 진심으로 배려해주는 사람에게 마음을 열고 그 매력에 끌리게 마련이다. 상대방의 입장이 되어 생각하고 배려하는 마음, 곧 역지사지의 마음을 매너의 다른 이름이라 부르는 이유가 여기에 있다.

　그동안 나는 스피치 코칭과 방송 인터뷰를 통해 사회적으로 성공한 사람들을 만날 기회가 많았다. 대기업 임원, CEO, 정치인, 장관, 각 분야의 전문가들을 만나면서 그들의 성공 비결이 참 궁금했다. 사실 처음에는 그들을 만나는 것이 조금 무섭기도 하고, 강인한 카리스마에 기가 눌리지 않을까 겁먹었던 적도 있다. 하지만 성공한 사람들은 누구보다 부드럽고 따뜻했으며 친절했다. 자신의 권위나 지위를 상대방이 느끼지 못할 만큼 인간적인 모습을 가진 사람들이 대부분이었다. 성공한 사람들은 늘 남의 입장을 배려하는 노력을 멈추지 않았고, 상대방과 자신의 위치를 같은 눈높이에서 바라보며 소통하려고 한다는 공통점이 있다는 것도 알게 되었다.

올바른 매너를 갖추고 진심으로 상대를 배려하는 마음을 가지면 인간관계를 수월하게 만들어갈 수 있다. 이러한 태도는 긍정적인 사고와 더 많은 기회를 갖게 해준다. 자신의 복을 스스로 만들었기 때문에 돌아오는 세상의 이치인 것이다.

앞으로 소개할 몇 가지 매너들을 잘 익혀 자연스럽게 몸에 배도록 해보자. 세련된 매너를 갖추어 자신만의 경쟁력으로 삼는다면 어디서든 환영받고 인정받는 사람이 될 것이다.

인사만 잘해도 이미지가 좋아진다

'안녕하세요, 처음 뵙겠습니다, 수고하십시오' 같은 인사는 예절의 기본이며 인간관계의 출발이다. 사회 초년생들을 위한 조언 가운데 인사가 늘 첫 번째로 꼽히는 것을 보면 인사의 중요성을 짐작할 수 있다.

직장인에게 있어 인사는 애사심의 발로이며 상사에 대한 존경심의 표현이고, 동료 간에는 우애의 상징이자 자신의 인격과 교양을 드러내는 역할을 한다. 인사人事는 사람이 마땅히 해야 할 일로, 사람이 사람을 섬긴다는 뜻을 갖고 있다. 곧 상대방의 가치를 인정하고 높여주는 기술이다.

인사를 제대로 하지 못한다면 안 하느니만 못하다. 짧은 인사말 몇 마디를 하는 동안 어떤 목소리와 표정, 태도를 보이느냐에 따라 그 사람의 이미지는 180도 달라진다. 그렇다면 인사는 어떻게 하는 것이 잘하는 것일까?

인사는 정중하고 자연스러워야 하고 밝게 웃으며 즐거운 마음으로 해야 한다. 고개만 숙이지 말고 마음속에서 우러나오는 진실한 마음으로 당당하고 자신 있게 해야 한다.

복도에서 상사를 만났을 경우에는 걸음을 한쪽 옆으로 비키며 가볍게 인사하면 된다. 다만 외부 사람과 함께 만났을 경우에는 멈추어 서서 정중하게 인사를 하자. 멀리서 상사를 보았을 때는 먼저 가볍게 목례를 한 뒤 2~3미터 정도로 가까워지면 호칭을 사용해서 인사한다. 갑자기 만났을 때는 곧바로 하는 것이 예의다.

상황별 인사

- 엘리베이터 안에서 인사를 해야 하는 경우에는 좁은 공간이므로 적당한 목소리 톤으로 목례 정도가 적당하다.
- 휴대폰 사용 중에 인사를 해야 할 경우 통화자에게 양해를 구한 뒤 휴대폰을 귀에서 뗀 다음 바르게 서서 인사한다.
- 계단 위에서 계단 아래에 있는 상사를 보았을 경우에는 계단 아래로 내려가서 인사한다.

눈을 마주치지 않거나 건성으로 또는 무표정하게 인사를 한다면 누구라도 받고 싶지 않을 것이다. 나는 평소 상대방에게 어떻게 인사를 하고 있는지 떠올려보자. 상대방의 눈을 보고 밝게 웃으며 인사 한다면 어디서든 환영받을 것이다.

인사하는 모습, 그 작은 차이와 습관이 당신의 이미지를 만들어 준다. 매력적이고 호감 가는 이미지를 만들고 싶다면 항상 밝고 경쾌하게 인사하는 습관을 들이자. 밝고 기운 넘치는 에너지가 분명 당신의 꿈에 한 걸음 더 가까이 다가가게 해줄 것이다.

좋은 냄새가 나는 사람에게
매력을 느낀다

초등학교 시절 나와 동생은 농사를 짓던 큰 이모 집에서 여름 방학과 겨울 방학을 보내곤 했다. 여름에는 밭에서 갓 따온 수박이며 참외 같은 신선하고 맛있는 과일들이 넘쳐났다. 무엇보다 밤이 되면 넓고 시원한 대청마루에 앉아 귀뚜라미 소리를 들으며 이모가 쪄주는 찰옥수수를 몇 개씩이나 먹곤 했다. 그 때문인지 지금도 옥수수 찌는 냄새를 맡으면 즐겁고 행복했던 그때의 추억이 떠올라 잠시 감상에 잠기곤 한다.

향기는 사람의 감정과 기억을 불러일으키는 강한 힘을 갖고 있다. 미국 브라운대학의 심리학과 교수 레이첼 헤르츠는 '후각은 좋고 싫은 것과 같은 가장 기본적인 감정과 연결되어 있으며, 향기는 인간의 감정을 조절하고 행동에 커다란 영향을 미친다'고 했다. 실제로 그는 사람들에게 사진만 보여주는 것보다 냄새를 함께 맡으며 사진을 보여주었을 때 과거의 느낌을 훨씬 더 잘 기억해낸다는 사실을 실험을 통해 밝혀냈다.

후각은 인간의 오감 가운데 가장 예민한 감각기관이다. 후각 수용체 수는 천여 개에 지나지 않지만 우리가 알아차리고 기억할 수 있는 냄새는 4천 가지에 달한다. 기업들은 오래전부터 소비자의 후각을 활용한 향기 마케팅을 중요한 전략으로 활용해오고 있다.

세계적으로 두터운 마니아층을 갖고 있는 스타벅스는 매장 내에 커피향이 은은하게 배이도록 전날 미리 커피를 끓여 놓아 향기가 퍼지게 해 둔다. 스타벅스만의 독특한 향기로 고객들의 충성도를 높이고 있는 것이다. 서울의 한 특급 호텔에서는 여행에 지친 이용객들의 몸과 마음의 피로를 풀어주기 위해 유칼립투스 향기로 호텔 내부를 가득 채웠는데, 호텔 이미지가 상승한 것은 물론이고 재방문율도 높아졌다고 한다.

향기 이미지는 기업뿐 아니라 개인 브랜딩에서도 강력한 힘을 발휘한다. 후각은 좋고 싫은 것을 감각적으로 구분해내기 때문에 사람은 본능적으로 좋은 냄새가 나는 사람에게 호감을 느낀다. 그러므로 드레스 퍼퓸이나 향수를 통해 자신의 고유한 향기를 만들어내는 것은 무척 중요하다.

이미지 메이킹 컨설팅을 마치고 나면 향수를 추천해 달라는 요청을 많이 받는다. 나 역시 향수를 좋아해 계절이나 날씨, 그날의 기분, 약속 장소, 옷차림에 따라 다르게 선택한다. 가끔은 두 가지 향을 섞어 쓰기도 한다. 내가 좋아하는 향수를 뿌리고 나갔을 때 "어떤 향수 쓰셨어요? 향이 참 좋아서요."라는 소리를 들으면 괜히 으쓱해지면서 기분이 좋아진다. 나에게 잘 맞는 향수를 골랐다는 생각 때문이다.

오래전 동료 아나운서가 내가 자주 뿌리고 다니던 향수를 사고 싶다고 해서 알려준 적이 있다. 그런데 얼마 뒤 자기에게서는 그런 향이 나지 않는다며 아쉬워했던 기억이 난다.

향수는 같은 향기여도 개인의 체취에 따라 향의 느낌이 완전히 달라진다. 또한 몸이 따뜻한 사람과 찬 사람이 뿌렸을 때도 차이가 난다. 그러므로 구입 전에 꼭 테스트지에 시향을 해보거나 자신의 손목 안쪽이나 귀 뒤쪽에 뿌린 뒤 한 시간 정도 활동을 하고 나서 향내를 확인해봐야 한다. 이러한 과정을 거쳐 본인이 정말 원하는 향기인지 확인하고 난 후에 최종적으로 선택하는 것이 좋다.

향수는 날씨에도 영향을 많이 받기 때문에 비가 오거나 습기가 많은 날보다는 맑은 날을 선택해서 고르는 것이 좋다. 처음 향수를 구입하는 사람이라면 플로랄 계열의 가벼운 꽃 향기나 신선하고 상큼한 오렌지, 레몬, 자몽 등의 시트러스 계열로 고르면 자극적이지 않으면서 무난하게 사용할 수 있다. 가벼운 느낌의 향기에 익숙해졌다면 취향에 따라 점차 무게감 있는 오리엔탈이나 은은한 우디 계열로 시도해보는 것도 괜찮다.

향수를 사용하기 전에는 꼭 지켜야 할 에티켓이 있다. 몸에서 냄새가 풀풀 나는데 그 위에 향수를 뿌리면 향기가 아니라 악취로 변한다. 평소 내 몸과 옷, 소지품의 위생과 청결을 잘 관리하자. 몸을 자주 씻고, 옷은 깨끗하게 빨아 입으며, 갑작스러운 미팅이나 비즈니스 만남을 대비해 구강 청정제나 휴대용 칫솔 세트도 꼭 챙겨 다니도록 하자.

함께하고 싶고 다가가고 싶은 사람에게서는 상쾌하고 좋은 향기가 난다. 나는 과연 어떤 향기가 나는 사람일까? 자기 관리를 잘하는 센스 있는 사람으로 기억되고 싶다면 나만의 향기를 만들어보자. 상대방에게 어떤 향기로 기억되길 바라는지, 나에게서는 좋은 향기가 나는지 다시 한 번 점검해보자. 좋은 향기는 지금의 내 매력을 한층 업그레이드시켜 줄 것이다.

나는 내 인생의 주인공

아나운서로서, 강사로서 시작부터 나는 부족한 점이 참 많았다. 고등학교도 이과를 나왔고 공대 석사를 졸업한 뼛속부터 공대생인 내가 목소리를 내고, 화면에 나오고, 남들 앞에 서는 것이 얼마나 어색하고 힘들었는지 다른 사람들은 잘 모를 것이다. 남들 앞에서 말하는 것을 즐기는 무대 체질도 아니었기 때문에 남들보다 두 배, 세 배 그 이상으로 노력해야 했다.

처음 입사한 방송국은 방음 장치가 되어 있지 않아 직원들이 식사를 하러 간 사이에 혼자 남아 목을 풀고 대본을 외우곤 했다. 아무리 급여가 적어도 뉴스를 하고 방송을 할 수 있는 곳이라면 어디든 달려갔다. 차도 없는 뚜벅이였던 나는 한여름 땡볕에도 택시비가 아까워 의상부터 화장품, 구두까지 바리바리 싸들고 대중교통으로 이동을 했다.

화려해 보이는 아나운서라는 직업은 나에게는 화려함과는 거리가 멀었고, 오히려 대학원 동기나 대기업에 취업한 친구들이 나보다 훨씬 화려하고 편안한 삶을 살고 있었다. 가끔 그들이 부럽기도 했지만 경제적인 여유가 잠시 부러웠을 뿐 내가 하고 싶을 일을 열정적으로 하고 있다는 데 더 큰 행복을 느꼈다. 그동안 프리랜서로서, 한 분야의 전문가로서 인정받기 위해 나 스스로를 성장시키려고 노력했다. 그래서 더욱이 이 책은 조금 더 나은 나의 모습을 통해 앞으로 나아가고자 하는 이들과 함께하고 싶은 마음이 크다.

'평생 직장'이라는 개념이 사라지고 있다. 대신 비즈니스 세계에서 1인 기업이 대세로 자리 잡아 가면서 개개인은 하나의 브랜드로서 점점 가치가 높아지고 있다. 나 또한 그렇게 지난 시간을 보내왔다. 나 자신이 곧 브랜드라는 생각으로 나를 성장시키기 위한 요소들을 적극적으로 훈련하고 개선해왔다. 이 책의 핵심 요소인 스피치, 보이스 그리고 이미지 메이킹이 그것이다.

스피치 즉, 말이라는 것은 내 생각을 단어와 문장으로 표현해서 상대방에게 전달하는 것이다. 이러한 중요한 요소인 말하기를 두려워하는 사람들이 의외로 많다. 나 또한 그런 사람들 중 하나였다. 그런데 10여 년 동안 말하는 일을 해왔고, 말을 잘하는 방법에 대해 가르치고 연구하면서 방송과 강의라는 무대에서 실전 경험을 많이 하다 보니 점점 스피치가 나아지고 있다는 것을 느낀다.

스피치에 대한 자신감을 떨어뜨려 내가 가진 능력을 최대치로 보여주지 못하게 하는 것은 다름 아닌 두려움이다. 나라는 기업의 주인이 말을 잘 못해서 비즈니스에서 손해를 본다면 얼마나 안타까운 일인가? 스피치는 시작이 힘들 뿐 전혀 어려운 것이 아니다. 방법을 익히고 연습을 통해 제대로 훈련만 한다면 어느 순간 스피치를 즐길 수 있게 된다.

보이스, 목소리는 나를 드러내는 정체성과도 같다. 비즈니스 세계에서는 이메일이나 채팅, 전화 등 대면보다는 비대면으로 커뮤니케이션하는 경우가 많다. 그렇기 때문에 짧은 만남이나 통화에서 상대방에게 호감과 신뢰, 믿음을 주는 것이 무엇보다 중요하다. 또한 회사 내에서 이루어지는 회의나 미팅은 말을 하지 않고는 의사를 표현할 수 없다.

내성적이고 목소리도 작았던 내가 많은 사람들 앞에서 당당하게 방송도 하고 강의도 할 수 있었던 것은 바로 목소리 훈련을 통해 자신감 있는 목소리로 변화되었기 때문이다. 목소리가 좋으면 비즈니스 세계에서는 유리한 점이 확실히 많다. 어딜 가나 주목받고, 남들에게 대우를 받는 것은 또 다른 장점이기도 하다.

마지막 파트는 비언어, 다시 말해 좋은 이미지를 위한 방법이다. 아나운서이자 강사라는 일은 직업 특성상 이미지를 굉장히 중요하게 여기는 분야다. 하지만 요즘은 직업의 종류와 상관없이 나라는 존재에 대해 더 많이 드러내고 더 널리 알리는 시대가 되었다. 그만큼 한 개인에게 있어 이미지가 중요한 요소로 자리 잡고 있다.

이력서를 넣어도 자꾸만 떨어지던 때가 있었다. 아나운서 면접은 단순히 얼굴이 예쁘다고 합격하는 것도 아니고 실력만 좋다고 되는 것도 아니었다. 많은 도전과 실패 끝에 각 방송사에서는 그들이 원하는 이미지상이 있다는 것을 알았다.

면접 때만 이미지가 중요한 것은 아니다. 외부 강의나 큰 기업의 행사를 맡게 되면 담당 실무자들과 미팅을 하게 되는데, 그때 그들에게 보여지는 이미지도 무척 중요하다. '저 사람에게 우리 일을 맡겨도 되겠다'는 확신을 심어주기 위해서는 외적인 이미지가 아주 강력한 수단이 된다.

신뢰감을 주는 옷차림, 헤어스타일, 은근히 나를 드러내는 자세와 매너까지, 한 개인의 퍼스널 브랜딩을 위한 이미지 메이킹은 단순히 옷을 잘 입고 화장을 잘하는 것에서 그치지 않는다. 나의 장점은 더욱 돋보이게 해주고 단점은 커버하는 전략이 필요하다.

프리랜서로 보낸 지난 10년은 스스로 성장할 수 있었던 시간이었다. 이 책을 통해 그동안 나의 성과를 극대화시켜 주었던 효과적인 퍼스널 브랜딩 방법과, 방송과 강의를 통해 가르치고 연구했던 커뮤니케이션 스킬들을 이제 많은 사람들과 나누려고 한다. 부디 나의 노하우가 조금이라도 도움이 되어 많은 사람들이 스스로를 브랜딩 하는 데 성공한다면 내게 그 이상의 보람은 없을 것이다. 나는 내 인생의 주인공, 내 인생의 CEO임을 잊지 말자.